브렉시트와 유럽연합

알렉스 캘리니코스가 세계경제의 블록화를 전망한다

이 도서의 국립중앙도서관 출판예정도서목록(CIP)은 서지정보유통지원시스템 홈페이지(http://seoji.nl.go.kr)와 국가자료종합목록 구축시스템(http://kolis-net.nl.go.kr)에서 이용하실 수 있습니다. (CIP제어번호 : CIP2020002619)

브렉시트와 유럽연합

알렉스 캘리니코스가 세계경제의 블록화를 전망한다

알렉스 캘리니코스 외 지음 | 김준효 엮음

책갈피

브렉시트와 유럽연합

알렉스 캘리니코스가 세계경제의 블록화를 전망한다

지은이 | 알렉스 캘리니코스 외
엮은이 | 김준효

펴낸곳 | 도서출판 책갈피
등록 | 1992년 2월 14일(제2014-000019호)
주소 | 서울 성동구 무학봉15길 12 2층
전화 | 02) 2265-6354
팩스 | 02) 2265-6395
이메일 | bookmarx@naver.com
홈페이지 | http://chaekgalpi.com
페이스북 | http://facebook.com/chaekgalpi
인스타그램 | http://instagram.com/chaekgalpi_books

첫 번째 찍은 날 2020년 1월 31일
두 번째 찍은 날 2020년 6월 8일

값 9,000원

ISBN 978-89-7966-177-4

차례

일러두기

1. 인명과 지명 등의 외래어는 최대한 외래어 표기법에 맞춰 표기했다.
2. 《 》 부호는 책과 잡지를 나타내고, 〈 〉 부호는 신문, 주간지를 나타낸다. 논문과 신문 기사 등은 " "로 나타냈다.
3. 본문에서 [ ]는 옮긴이가 독자의 이해를 돕거나 문맥을 매끄럽게 하려고 덧붙인 것이다. 인용문에서 지은이가 덧붙인 것은 [— 지은이]로 표기했다.
4. 본문의 각주는 옮긴이가 넣은 것이다.

엮은이 해제

2020년 1월 31일 영국의 유럽연합 탈퇴는 세계의 판도를 바꿀 중요한 사건이다.

2016년 6월 23일 국민투표에서 유럽연합 탈퇴(브렉시트)를 결정한 지 약 3년 6개월 만이다. 당시 국민투표는 보수당 총리 데이비드 캐머런의 정치적 술수로 결정됐지만, 이후 사태 전개는 램프의 요정을 불러냈다가 다루지 못해 쩔쩔매는 서툰 마법사를 연상케 했다. 영국 대자본들은 브렉시트를 좌초시키려 애쓰며 정치권과 날카롭게 갈등했는데, 그 와중에 총리가 두 번 바뀌었고(둘 모두 조기 사임했다), 총선을 두 번 치렀으며(영국 노동당 역사상 가장 좌파적인 당 대표 제러미 코빈은 화려한 선전과 치욕스런 패배를 모두 겪어야 했다), 의회는 한때 거의 마비됐다.

주요 제국주의 열강과 북대서양조약기구도 난색을 표했는데,

브렉시트가 그들에게도 타격이기 때문이었다. 브렉시트는 제2차세계대전 이후 수십 년 동안 구축돼 있던 국제 질서에 균열을 내는 사건이었다.

브렉시트는 특히 유럽연합 지배자들에게 골치 아픈 일이었다. 회원국 중 경제 규모가 2위이고 군사력은 가장 강력한 데다 금융의 중심지인 강국이 떨어져 나가는 것은 결코 가벼운 일이 아니었다. 유럽연합 지배자들이 약 3년간 브렉시트 협상에서 영국에 최대한의 출혈을 강제하려 든 것은 이 때문이기도 하다.

브렉시트 국민투표는 신자유주의 질서에 대한 정치적 항의의 의미가 있었다는 점에서도 세계적 사건이었다. 탈퇴 투표자의 절반가량이 "영국에 관한 결정은 영국에서 내려져야" 함을 이유로 들었다는 것은, 서민 대중이 자신들의 삶이 파탄 난 책임을 '신자유주의 전도사(유럽연합)'에 물었음을 뜻하는 징표다.

이 모든 측면이 브렉시트의 세계사적 의미를 이해하고 브렉시트가 세계 자본주의의 판도를 어떻게 바꿔 놓을지 가늠하는 데 중요하다. 이를 위해 세계적 마르크스주의 석학 알렉스 캘리니코스의 분석 글 세 편을 엮었다.

1장에 실은 "브렉시트: 세계사적 전환"은 2016년 국민투표 나흘 후에 발표된 글이다. 캘리니코스는 이 글에서 한때 세계 최강

이던 영국 자본주의가 '여러 열강 중 하나'가 되면서 겪은 변화와 그 과정에서 영국과 유럽 블록의 관계도 함께 변해 온 과정을 분석해 브렉시트의 의미를 짚는다. 그러면서 세계적 추세 변화가 탈퇴 표에 얽힌 여러 정치학과 어떻게 갈마드는지, 또 국제주의적 좌파가 왜 유럽연합이 대변하는 신자유주의 세계화에 맞서 독립적 대안을 추구해야 하는지를 함께 다룬다.

캘리니코스의 글 뒤에는 한국 독자들이 국민투표 결과를 이해하는 데 도움이 되도록 김종환의 "왜 영국은 브렉시트를 택했나"를 덧붙였다. 김종환은 이 글에서 브렉시트 결정이 인종차별적·애국주의적 표심의 결과라는 일각의 편견을 실증적으로 반박한다.

또, 한국 독자들이 현재 영국 정부와 유럽연합이 맺은 브렉시트 합의의 성격을 명료하게 이해할 수 있도록 영국의 혁명적 반자본주의 신문 〈소셜리스트 워커〉 편집자 찰리 킴버의 글을 수록했다.

2장에서는 브렉시트의 배경에 있는 세계 자본주의의 변화를 이해하는 데 도움이 될 분석을 소개했다. 캘리니코스가 신자유주의 세계화의 위기를 다룬 "세계화는 끝났는가?"다.

이 글에서 캘리니코스는 장기 불황 속에서 생산·무역·금융이 모두 위기에 빠졌고, 세계화에 대한 정치적 반발이 분출하는 등 체제의 핵심부에서 신자유주의(적 민주주의)가 파산하는 징후를 분석한다. 그런 경향이 "지리경제학적"·지정학적 경쟁을 키우는 동학과 (유럽연합 같은) 지역 블록에 미칠 영향을 다루는 부분은 특히 날카롭다. 상아탑의 관찰자가 아니라 현실에 굳게 발 디딘 실천가로 문제에 접근하는 것이 캘리니코스의 특별한 장점인데, 이 글은 그런 장점이 특히 돋보이는 글이다.

3장은 "브렉시트 선거"라고 불린 2019년 12월 12일 총선을 화두로 삼아, 캘리니코스가 총선 나흘 후에 발표한 **"브렉시트, 영국 총선, 노동당 좌파"**를 실었다. 캘리니코스는 이 글에서 영국 대자본들이 유럽연합 잔류를 원하는데도 보수당 강경 우파 보리스 존슨의 국수주의 도박이 승리하고 유럽연합 잔류를 내세운 노동당이 대패한 정황을 분석한다. 이 글은 브렉시트의 배경에 있는 계급적 이해관계의 작동을 면밀히 다뤘다는 점에서 특히 탁월한데, 세계경제가 다시 대침체에 빠지리라는 전망이 제기되는 오늘날 되새길 만한 중요한 교훈을 담고 있다.

한편, 12월 12일 총선 결과는 보수당 정부의 긴축·인종차별 공격에 맞서 코빈의 노동당이 약진하기를 바란 사람들에게 특히 쓰라렸다. 캘리니코스는 이 글에서 노동당의 패배 원인을 비중 있게 다루며, 기성 언론들이 주장하듯 코빈이 지나치게 급진적이어서나 노동자들이 인종차별적이어서 노동당이 패배한 것이 아님을 설득력 있게 서술한다. 그 뒤에 덧붙인 찰리 킴버의 "선거와 계급투쟁"도 캘리니코스가 지적한 "노동계급 유권자들과 정치과정 사이의 심대한 괴리"를 이해하는 데 필요한 통찰을 제공한다.

그런 점에서 세이디 로빈슨의 현지 취재기 "우파는 어떻게 지지를 모을 수 있었나?"의 지적은 중요하다. 로빈슨은 총선 두 달 전에 잉글랜드 중북부를 현지 취재해 이 글을 썼는데, 오랜 긴축이 안긴 고통과 정치의 실패가 노동계급의 의식에 끼치는 영향을 생생히 다뤘다. 기업주들의 고장 난 시스템에 분노해 세계 곳곳에서 수많은 노동자 대중이 투쟁의 새 물결을 일으키는 지금, 우파가 광범한 분노를 이용해 득을 보기를 바라지 않는 수많은 사람들에게 각별히 다가올 글이다.

부록에서는 유럽연합의 성격을 다뤘다. 신자유주의자들뿐 아니라 진보 세력 일부도 브렉시트는 인종차별적이고 국수주의적인 데 반해 유럽연합은 평등 지향적이고 세계주의적이라는 생각을 여전히 공유한다. 따라서 유럽연합의 과거와 현재, 목적과 성격을 다루는 것은 여전히 의미가 크다. 유럽과 한국의 사회주의자들이 유럽연합을 생생하게 폭로하고 조목조목 분석한 글을 세 편 실었는데, 모두 2019년 출판된 《브렉시트, 무엇이고 왜 세계적 쟁점인가?》(책갈피)에 실었던 것을 재수록했다. 세계

경제의 블록화를 전망하는 캘리니코스의 분석과 함께 읽으면 더 유용하리라 봤기 때문이다. 재수록을 양해하고 기존 글과 새 글 모두 꼼꼼히 교정한 책갈피 출판사에 감사드린다. 덧붙여, 여러 글을 함께 번역한 번역자들에게도 감사드린다.

각기 다른 시기에 여러 방식으로 발표된 글을 엮다 보니 일부 반복이 있을 수 있지만, 세계 자본주의의 중대 변화를 이해하는 데 도움이 되리라 보고 모두 그대로 실었다. 세계경제 위기가 심해지면서 "국제적 반란의 새 물결"이 시작되는 지금, 독자들이 명료한 이해를 얻고 진정한 대안을 발전시키는 데 아무쪼록 이 책이 도움이 되기를 바란다.

2020년 1월 17일

엮은이 김준효

1장

브렉시트: 세계사적 전환

Alex Callinicos, "Brexit: a world-historic turn", *International Socialism* 151(Summer 2016)을 편역.

2016년 6월 23일 영국인들은 국민투표를 통해 유럽연합EU에서 탈퇴하기('브렉시트')로 결정했다. 미국을 비롯한 서방 제국주의에 이 결과는 큰 타격이었다. 지배력을 행사하려고 세계적으로 구축해 놓은 각종 동맹 관계를 헝클어뜨리기 때문이다. 무엇보다 유럽연합이 입을 타격이 몹시 크다. 유럽연합 지배자들은 지금 태연한 척하고 있지만, 회원국 중 경제 규모는 2위이고 군사력과 금융 산업 규모는 가장 큰 영국이 탈퇴하는 것은 결코 만만한 일이 아니다. 이번 결과는 국민투표와 관련된 유럽연합의 불명예 기록을 또 한 번 갱신한 것이다. 그리스(2015년), 아일랜드(2001년, 2008년), 네덜란드(2005년), 프랑스(2005년), 스웨덴(2003년), 덴마크(1992년). 이 모든 투표에서 민중은 유럽연합을 거부했다. 〈파이낸셜 타임스〉의 논설가 볼프강 뮌차우는 오는 10월 이탈리아에서 치러지는 개헌 국민투표에서 총리 마테오 렌치가 패배하면 이탈리아도 영국의 뒤를 따를 수 있다고 우려한다.

영국 국민투표 결과는 세계경제가 가뜩이나 취약한 상황에서 나온 것이다. 투표 몇 주 전 미국 연방준비제도이사회FRB가 금리 인상을 미룬 것도 바로 세계경제의 취약성을 보여 줬다(그 전까지 연준은 미국 경제 "정상화"를 위해 금리 인상이 필요하다고 했었다). 〈워싱턴 포스트〉는 영국 국민투표 결과를 간결하고도 적절하게 묘사했다. "브렉시트 투표가 전 세계를 혼란에 빠뜨리다."

영국 국내에서는 주류 양당이 모두 혼란에 빠졌다. 당초 이번 국민투표는 집권 보수당의 총리 데이비드 캐머런이 당내 우파를 달랠 묘수로서 꺼낸 것이었다. 최근 〈파이낸셜 타임스〉는 캐머런이 무슨 생각으로 2013년에 국민투표를 약속했는지를 잘 보여 주는 일화를 실었다.

> 2014년, 유럽이사회 전前 의장 헤르만 반롬퍼이는 영국 총리 관저에서 캐머런에게 왜 그렇게 정치적으로 위험한 수를 뒀냐고 물었다. 캐머런은 스코틀랜드 독립 국민투표와 비슷하다면서 "저는 그 투표에서 손쉽게 승리해서 향후 20년 동안 스코틀랜드 독립 문제가 다시는 거론되지 못하도록 할 것입니다. 유럽연합 문제도 마찬가지고요" 하고 말했다.
>
> 그러나 캐머런의 오만한 기대와 달리, 스코틀랜드 국민투표

때문에 영국은 거의 쪼개질 뻔했다. 노동당이 스코틀랜드 독립 반대에 한껏 힘을 실어 준 덕분에 캐머런은 간신히 이길 수 있었다(그 대가로 노동당은 스코틀랜드에서 지지 기반을 상당히 잃었다). 지배계급의 관점에서 보면, 브렉시트 국민투표가 초래할 타격이 더 크다(게다가 이 때문에 스코틀랜드 독립 문제도 다시금 불거지고 있다). 또, 보수당은 총선에서 뜻밖의 승리를 거둔 지 1년도 안 된 지금 당과 정부가 심각한 내분에 처했고, 캐머런은 총리직을 내려놓게 됐다.

국민투표 운동이 시작될 때만 해도 보수당은 1990년대 존 메이저 정부 때 유럽 문제로 자신들이 분열한 오류를 되풀이하지 않겠다고 다짐했다(당시 보수당 정부는 유럽과 가까워지는 문제를 놓고 심각한 내분에 휩싸여 정부의 통솔력이 떨어졌고, 이후 총선에서 패배하면서 수십 년 만에 노동당에 정권을 내줬다). 그러나 올해에도 보수당은 잔류파와 탈퇴파로 쫙 갈려서 서로 험악한 말을 쏟아 냈다.

국민투표 전에도 정부 각료 사이의 긴장은 심각해서 2020년 총선 전에 물러나겠다고 밝힌 캐머런의 후임 자리를 둘러싸고 보수당 내 술책이 난무했고, 국민투표 선거운동 과정에서 1990년대의 적대감이 되살아났다. 브렉시트 상황에서 영국 자본주의와 정부를 안정시키려고 벌어질 쟁투에서 이 요소들은 더욱 강해질 것이다.

이처럼 보수당이 위기에 빠진 상황에 대해 두 가지 질문을 던질 수 있다. 첫째, 보수당 내 갈등이 왜 이렇게 첨예한 것일까? 둘째, 새 지도자가 등극하면 이 위기가 쉽게 진정될까? 유럽연합 잔류를 주장한 좌파 3인(녹색당 의원 캐럴라인 루커스, 노동당 예비내각 재무부 장관인 존 맥도널, 전 그리스 재무부 장관 야니스 바루파키스)은 이 질문에 답하기 쉽다는 듯 다음과 같이 말했다. "영국이 유럽연합에서 나가면 누가 가장 득을 보는가? 바로 영국의 정치·금융 엘리트다."

그러나 이 말은 완전히 틀렸다. 선거운동 기간에 자본가들이 브렉시트에 대해 온갖 험담을 쏟아 낸 것만 봐도 알 수 있다. 흔히들 핵심 자본가들의 입장이 어떤지 알고 싶을 때 참고하는 주요 기관들(예컨대 주요 투자은행, 다국적기업, 영국경제인연합회CBI, 영국은행, 로이드은행, 유럽기업인원탁회의ERT, 국제통화기금IMF, 경제협력개발기구OECD)이 모두 브렉시트를 비난했다. 2008년 경제 위기 이후 강화되는 유럽연합 규제에 항의하는 헤지펀드 정도가 예외일 것이다. 1980~1990년대에는 유럽환율조정장치ERM나 유로존 가입 등을 둘러싸고 논쟁을 벌인 것과 달리, 오늘날 영국 대기업들은 유럽 문제에 대한 입장 차가 훨씬 작다. 국민투표 결과가 나온 날 세계 도처에서 증시가 폭락한 것도 자본들이 어떤 결과를 원했는지를 잘 보여 준다.

2016년 2월 캐머런은 특유의 기회주의적 수완을 발휘해 유럽연합에게서 양보를 받아 냈다. 큰 틀에서 보면, 영국에서 활동하는 자본의 이익을 도모하는 내용이었다(영국 자본주의는 매우 국제화돼 있어서 영국인이 운용하는 자본의 이익과 영국에 크게 투자한 외국계 자본의 이익 — 예컨대, 미국·일본·유럽계 은행과 자동차 기업 — 을 따로 구분하기가 어렵다). 〈파이낸셜 타임스〉는 그 협상 과정을 다음과 같이 설명했다.

> 캐머런과 [재무부 장관] 오즈번은 … 전략적 수를 뒀다. 전통적으로 영국 지도자들은 영국이 '유럽의 심장부'에 있다고 자처해 왔는데, 이번에는 영국이 주변부에 있다고 했다. 영국은 유로존에도 [회원국 간 입국 심사를 없애는] 솅겐조약에도 가입해 있지 않아 유럽 대륙이 직면한 경제 위기와 난민 위기에서 한발 떨어져 있는 만큼 유럽이 한층 더 긴밀하게 통합되려면 영국에게 무언가를 보장해 줘야 한다는 뜻이었다.

이처럼 영국이 유럽의 주변부에 있다는 주장은 협상의 최종 결과에 반영됐다. 그중 가장 중요한 것은 유로존의 역외 금융 중심지로서 영국 금융계(일명 시티오브런던)의 지위를 보장하고, 영국 정부가 유럽연합 출신 이주민들에게 한동안 복지를 제공하지 않아도 되도록 허용한 것이었다.

영국 자본주의와 유럽연합

과거 영국이 다른 유럽 강대국과의 경쟁에서 앞설 수 있었던 것은 영국이 산업 자본주의가 태동한 곳이었다는 점, 그 덕택에 세계 제국을 건설할 수 있었다는 점 덕분이었다. 이런 점에서 인도는 영국에게 여러모로 중요했다. 인도는 영국 기업들에게는 시장을, 영국 국가에게는 세수와 병력을 제공했다. 19세기 보수당 총리 솔즈베리 경은 인도를 "돈 한 푼 쓰지 않고 수많은 병사를 차출할 수 있는, 동양이라는 바다에 떠 있는 영국의 병영"이라고 불렀다. 인도에서 차출한 병력 덕분에 영국은 제2차세계대전 중 태평양 전장에 미국의 2배나 되는 병력을 투입할 수 있었다.

영국은 제국의 과잉 확장과 식민지 반란 때문에 1947년에 인도를 포기한 뒤에도 유럽으로 통합되기를 거부했다. 윈스턴 처칠은 제2차세계대전을 치르기 전에도 후에도 유럽합중국이라는 구상 자체는 지지하지만 영국은 참여하지 않겠다는 생각이었다. 처칠은 다음과 같이 썼다. "우리는 유럽과 함께할 것이지만 그 일부가 되지는 않을 것이다." 전후에 들어선 노동당 정부도 같은 노선을 따랐다. 영국은 1951년 유럽석탄철강공동체 ECSC 출범으로 막 첫발을 뗀 유럽 통합과 거리를 뒀다. 전임 보수당 정부와 마찬가지로 노동당 정부는 영국 제국주의가 미국과 소련 다음가는 “제3위 세계 열강”이자 미국의 충직한 동반자로서 최상위 결정 과정에 참여하기를 바랐다.

1956년에 벌어진 두 사건이 이 환상을 깨뜨렸다. 첫째, 영국과 프랑스가 가말 압델 나세르의 이집트 민족주의 정권을 전복하려고 한 것을 미국이 가로막았다. 이후 유럽 국가들은 그때까지 남아 있던 식민지도 빠르게 잃었다. 둘째, 유럽석탄철강공동체 회원국 6개국이 유럽경제공동체EEC의 결성 기반이 될 1957년 3월 로마조약의 [초안] 조건에 합의했다. 이를 통해 대륙의 유럽 국가들은 경제적으로 영국을 추월할 발판을 마련했다. 반면 당시 영국 자본주의는 경쟁력 저하라는 만성적 문제에 시달리고 있었다. 이후 1960년대의 노동당과 보수당 정부가 유럽경제공동체에 가입하려 한 것은 자신들의 과거 노선이 실패했음을 인정한 행동이었다. 1966년 영국 외무부가 작성한 문건은 영국 지배자들이 느낀 패배감이 얼마나 쓰라린 것이었는지 보여 준다.

> 지난 20년간 이 나라는 표류해 왔다. 그 시기 내내 세계 무대에서 우리의 입지와 위상은 쇠락했다. 그래서 국민 사이에서 좌절감이 커졌고 사기가 떨어졌다. 우리는 우리가 어디로 향하고 있는지 모르고, 자신감을 잃고 있다. 희망과 활력을 되찾기 위해 새로운 목표와 새로운 사명이 필요하다는 것을 인정할 수밖에 없는

지점에 도달한 것인지도 모른다. 유럽으로 들어가는 것은 어쩌면 우리에게 필요한 자극과 목표를 줄 수 있을 것이다.

1973년 "공식적으로는 영국의 유럽경제공동체 가입에 반대"했고 오늘날에도 유럽연합에 회의적인 것으로 알려져 있는 영국 재무부에도 비슷한 정서가 스며들어 있었다. 1990년대에 재무부 수석 경제 자문으로 일한 앨런 버드는 최근 〈파이낸셜 타임스〉에 다음과 같이 말했다. "1970년대 초 영국 경제는 너무 형편없어서 관료들은 유럽경제공동체 가입도 별 도움이 되지 않을 것이라고 여겼다. 영국의 국운은 너무 기울었고 유럽경제공동체 가입은 '지푸라기 잡는 심정'에서 나온 것으로밖에 안 보였다."

훗날 역사를 보면 영국 자본주의는 유럽경제공동체와 그 후신인 유럽연합을 통해 상당히 성공적으로 재건됐다. 유럽 통합 프로젝트에는 서로 다른 2개의 제국주의적 야심이 언제나 깃들어 있었다. 첫째, 미국의 야심이다. 미국은 유라시아 대륙 서부에 안정적이고 부유한 동맹이 있기를 바란다. 둘째, 유럽 열강의 야심이다. 유럽 제국주의 열강은 유럽이 통합되면 세계 무대에서 자신의 이익을 추구하는 데 도움이 될 것으로 본다. 비록 미국의 지정학적 우위를 인정하는 한에서 그렇지만 말이다. 이 둘째 야심과 관련해서 영국은 프랑스·독일과는 시각이 조금 다르다. 영국은 혼자서 미국과 유일무이한 관계를 맺은 동반자가 되고자 한다.

이런 영국의 태도에는 물질적 토대가 있다. 그것은 영국 자본주의가 발전해 온 과정을 보면 알 수 있다. 토니 노필드는 최근의 중요한 저서에서 영국 금융계가 지난 수십 년 동안 국제 금융 중심지로 발돋움한 과정을 설명한다(미국 월가는 규모로는 영국 금융계와 맞먹지만 거대한 미국 경제에 관여하는 데 더 치중한다). 오늘날 영국 금융계는 외환 거래, 장외 파생 상품과 국제 채권시장, 은행 간 국제 거래의 압도적 중심지다. 노필드는 1950년대 이래 모든 영국 정부가 때로는 미국 정책과의 충돌을 감수하면서도 영국 금융계를 지원한 과정을 추적한다. 그는 이 노력이 "영국 자본가들이 세계적으로 수익을 얻을 수 있게 하고 제국주의 강대국으로서 영국의 지위를 확립하기 위한 메커니즘의 일부"라고 본다.

동시에 노필드는 영국 금융계가 국제 금융의 중심지가 된 것은 세계의 생산적 자본에 대한 영국의 영향력과도 무관하지 않다고 설명한다.

> 2013년 영국의 해외직접투자 규모는 1조 8850억 달러로 세계 2위였다. … 이는 미국의 해외직접투자 6조 3500억 달러의 30퍼센트에 불과한 규모이지만, 경제 규모 비례로 보면 영국의 해외직접

투자 규모가 더 크다. 〈파이낸셜 타임스〉가 2011년에 발표한 세계 500대 기업을 봐도 비슷한 현상을 알 수 있다. 그중 영국계 기업은 34개로 시장가치는 총 2조 850억 달러였다. 미국(160개 기업, 9조 6020억 달러) 다음가는 2위였다. 또한 2013년 세계 100대 비금융 기업(해외 자산 가치 기준) 중 미국계 기업은 23개, 영국계는 16개, 프랑스계는 11개, 독일계와 일본계는 각각 10개였다. 영국에 본사를 둔 대기업 3곳(로열더치쉘, BP, 보더폰)은 각각 2위, 6위, 7위를 차지했다.

이렇듯 영국 자본주의는 산업혁명 이래 줄곧 그랬듯이 여전히 주요 경제 중 가장 국제적인 성격을 보인다. 그래서 영국은 세계로 뻗어 나가려는 지향성이 강하고, 같은 이유에서 영국 국가는 군사력에서도 주요 강국의 지위를 유지하려고 애쓴다. 비록 그 군사력을 거의 언제나 미국과 보조를 맞춰 사용했지만 말이다. 노필드는 한 나라의 국력을 다섯 가지 지표(명목 GDP, 해외직접투자 규모, 국제 금융자산과 채권의 규모, 외환 거래에서 자국 화폐가 차지하는 비중, 국방비)로 측정할 때 "1위 미국과 큰 격차가 있지만 영국이 2위를 차지한다"고 했다. 자유주의 관점에서 평가한 또 다른 학자는 영국을 미국과 중국 다음가는 "유럽의 마지막 강대국"이라고 봤다.

영국 자본주의가 차지하는 이런 세계적 위상 때문에 영국은 유럽연합에게 결코 호락호락하지 않은 상대다. 1992년 2월 체결된 마스트리히트 조약에서 영국이 유로화 적용 예외국 지위를 인정받은 것은 영국이 유럽 통합 프로젝트에서 한발 떨어져 있음을 보여 줬고, 1992년 9월 16일 '검은 수요일'이 닥치자 영국 파운드화는 유럽환율조정장치에서도 탈퇴했다. 또한 1990년대 말 노동당 정부 시절 재무부 장관 고든 브라운이 유로존 가입에 반대한 것도 영국 금융계를 염두에 둔 행동이었다. 당시 총리 토니 블레어는 유럽연합과의 관계를 영국이 경제적으로는 따로 행동하면서, 군사적으로는 유럽 전체가 (미국의 지도력을 인정하면서도) 더 커다란 협력체로 발전하도록 기여하는 식으로 맞추려 했다. 1999년 유고슬라비아 폭격을 북대서양조약기구NATO(나토)가 주도한 것은 후자가 극명하게 드러난 사건이었다. 그런 점에서 블레어가 프랑스와 독일의 반대에도 불구하고 2003년 미국의 이라크 침공에 함께한 것은 그런 노력을 상당 부분 물거품으로 만드는 일이었다.

참으로 역설인 것은 영국이 고집스레 파운드화를 고수하고, 그럼으로써 로마조약 이후 가장 중요한 유럽 통합 프로젝트와 거리를 두고 있는데도, 영국 금융계가 유로존 금융의 수도가 됐다는 사실이다. 런던 금융계는 유로화로 이뤄지는 거래를 도맡아 처리한다. 그뿐 아니라 "유럽의 자본시장과 투자은행 수익의 4분의 3이 영국에서 거래된다"(《파이낸셜 타임스》). 지난 몇 년간 위기 속에서 유로존은 더욱 높은 통합을 추구했고(예컨대, 유로화를 사용하는 거래는 반드시 유로존에서 이뤄져야 한다고 규정하려는 시도), 그 때문에 영국의 아슬아슬한 줄타기는 위태로운 듯했다. 캐머런이 2월 협상으로 얻어 낸 것은 바로 유럽의 금융 수도라는 영국 금융계의 위상을 지켜 낸 것일 뿐 아니라 영국이 유럽연합 안에서 특별한 지위를 누린다는 것을 공식화한 것이었다(예컨대 로마조약은 조약국에게 "최대한의 통합"을 지향해야 한다고 규정하는데 영국은 예외국으로 인정받았다). 2월 합의 이후에도 영국의 국민투표가 가까워짐에 따라 유럽연합 집행위원회는 런던 금융계의 헤지펀드들에 대한 규제를 완화했다. 그러나 브렉시트라는 결과가 나오자 이 '당근'은 모두 사라졌고, 영국 금융계의 투자은행들은 유럽 시장 밖으로 밀려났다.

유럽연합에 남는 것이 영국 자본주의의 이해관계에 그토록 확실히 부합한다면 어째서 보수당은 그 야단법석을 떨었을까? 그 이유는 '대처주의'와 '영국독립당UKIP'이라는 두 단어로 요약할 수 있다. 1979년 보수당 총리 마거릿 대처는 영국의 위세가 기우는 것을 막겠다고 다짐하며 집권했다. 그가 신자유주의 공격을 무지막지하게 퍼붓고, 조직 노동계급에게 커다란 패배를 안기고, 1986년 규제 완화 폭탄으로 영국 경제구조를 금융계에 유리하도록 바꾸면서 상당한 성공을 거둔 것은 분명하다. 그럼에도 영국이 과거 제국의 영광을 되찾은 것은 결코 아니었다. 세계적 권력 분포가 변화하고 체제가 빠르게 변화하면서 영국 자본주의는 '검은 수요일', 이라크와 아프가니스탄 군사개입 실패, 2008년 경제 위기 등으로 거듭 취약함을 드러내며 수모를 겪었다.

보수당 내 대처주의 분파는 1990년대 메이저 정부 아래에서도 지도부에 강하게 반기를 들었고, 블레어의 신노동당이 신자유주의와 사회민주주의를 융합하는 것에도 (캐머런이나 오즈번과 달리) 적대적이었다. 이런 대처주의자들에게 유럽연합은 그들이 싫어하는 모든 것을 상징했고 자신들을 무대 중앙에서 밀어낸 모든 원흉의 결집체였다. 그들은 영국이 유럽연합에서 '대탈출'을 감행하면 과거의 '주권'을 되찾을 수 있을 거라고 생각한다(그러나 그들의 기준대로라면 오늘날 미국조차 제대로 된 주권국이 아니다). 영국판 네오콘[신보수주의자]임을 자처하며 유럽연합 탈퇴를 주장하는 일부 보수당 정치인들(법무부 장관 마이클 고브, 전 국방부 장관 리엄 폭스 등)은 또 다른 이데올로기적 환상도 품고 있다. 영국이 유럽연합에서 탈퇴하면 미국과 과거 영연방에 속했던 국가인 캐나다·호주와 함께 자유무역이 보장되는 "앵글로 권역"을 이룬다는 장밋빛 구상이 그것이다.

이 구상은 정작 그들이 염두에 둔 국가들조차 거부한다는 문제가 있다. 버락 오바마는 2016년 4월 영국을 방문해서 브렉시트 논쟁에 개입하며 반대 의사를 분명히 밝혔다. 이는 사실 미국의 전통적 대외 정책을 재천명한 것이다. 즉, 미국은 유럽 통합을 지지하고, 유럽연합이 중요한 결정을 내릴 때 강력하면서도 믿을 수 있는 동맹국이 그 결정에 관여할 수 있도록 영국이 유럽연합 회원국으로 남기를 바란다는 것이다. 마치 미국에서 도널드 트럼프가 1940년대 이래 자리 잡은 미국 제국주의의 전략(전 세계에 자유주의적 자본주의 질서를 수립하고 이를 미국의 군사력으로 뒷받침한다는 전략)을 거스르는 강령으로 공화당을 접수한 것과 꼭 마찬가지로 영국에서도 대자본의 제1 정당이 그 대자본의 이해관계를 거스르는 역설이 일어난 것이다.

마르크스는 다음과 같이 쓴 바 있다. "지배와 종속의 관계는 직접 생산자한테서 추출하는 무보수 잉여노동의 구체적 형태에 달려 있고 생산 그 자체에서 생겨나지만, 바로 그 관계가 다시금 생산에 영향을 끼친다." 실로 브렉시트 국민투표 결과는 정치라는 상부구조에서 벌어진 갈등이 경제라는 토대에 큰 영향을 끼치는 사례라 할 만하다.

그러므로 브렉시트는 영국 자본주의가 차선책으로 선택한 것이 아니다. 브렉시트 국민투표 실시는 보수당이 변화를 겪으면서 내부에서 유럽연합에 부정적인 입장은 커진 반면, 친유럽연합 입장은 마이클 헤슬타인과 켄 클라크 같은 고리타분한 늙은이들이나 옹호하는 것으로 위상이 낮아진 상황이 그 발단이었다. 보수당의 이런 변화를 가속한 요인으로는 영국독립당의 부상이 있다. 과거에는 '초국가' 유럽이 영국 주권을 위협한다는 생각에 사로잡힌 사람이 비교적 소수였지만, 영국독립당 대표 나이절 패라지는* 이주 쟁점을 중심으로 유럽연합 문제를 제기함으로써 그런 생각을 대중적으로 확산시키는 등 정치적으로 큰 성공을 거뒀다. 패라지는 특히 유럽연합이 2004년 이후 서유럽 너머 동쪽으로 확장하면서 중부 유럽과 동유럽 출신 이주민이 늘어난 것을 집요하게 이용했다. 영국독립당이 보수당과 노동당 양쪽의 선거 기반을 잠식하기 시작하자 공식 정치에서 이주 관련 논의가 우경화했을 뿐 아니라, 유럽 쟁점에 관한 주도권을 패라지에게 넘겨줄 수 없다는 생각이 보수당 안에서 커졌다.

탈퇴의 정치학

보수당 내 탈퇴파는 브렉시트가 커다란 경제적 피해를 가져올 것이라는 자본들의 공격을 받자 더더욱 영국독립당과 비슷

---

* 나이절 패라지 2020년 1월 현재는 신당 브렉시트당의 당 대표다.

하게 행동하며 영국이 유럽연합을 탈퇴하면 "국경 통제권을 되찾을 수 있다"고 단언했다. 그러나 이것도 허황된 이데올로기에 기초한 것이다. 세계 다른 곳들과 마찬가지로 영국에서 이주민이 늘어나는 것은 유럽연합이 '이주의 자유'를 보장해서가 아니다. 현대 자본주의에 이주 노동자가 필요하기 때문이다. 그러나 수많은 사람들이 탈퇴 표를 던지도록 한 가장 강력한 요인은 십중팔구 인종차별이 아니다.

영국독립당이 성장하는 데는 정치·경제 엘리트들에 대한 평범한 유권자들의 반감도 크게 작용했다. 이 요소는 국민투표 선거운동 기간에 모순된 효과를 냈다. 한편으로 국민투표는 젠체하는 보수당 상류층 인사들 사이의 다툼 정도로 비쳤다. 이는 당연히 평범한 사람들의 투표 의욕을 떨어뜨리는 요인이었을 것이다. 그러나 다른 한편으로 기득권층이 브렉시트 반대 진영에 광범하게 결집했는데, 이는 많은 평범한 사람들이 기득권층에게 한 방 먹이자는 심정으로 탈퇴 표를 던지도록 하는 요인이었을 것이다. 2016년 5월 중순 실시된 여론조사 결과를 보면, "유럽연합을 통해 진정 득을 보는 것이 누구인가" 하는 질문에 대기업(36퍼센트), 은행가와 정치인(각각 32퍼센트)이라는 답변이 가장 많았다.

대중 정서와 관련해서 중요하게 봐야 할 게 또 있다. 어느 여론조사를 보든 가난할수록 탈퇴 표를 던질 확률이 높았다는 것이다. 다시 말해, 영국 노동운동의 주류 세력은 노동계급에 속하는 많은 사람들을 정치적으로 전혀 대변하지 못했다. 아닌 게 아니라, 2015년 12월 시리아 공습에 관한 표결은 확고한 블레어주의자들이 노동당에 진을 치고 있음을 보여 줬다. 노동조합 지도자들은 정부가 노동 악법을 아주 조금 완화해 주자 열정적으로 잔류 진영에 뛰어들었는데, 정녕 창피한 줄 알아야 한다(반면 좌파가 이끄는 노조 3곳 — 철도기관사노조ASLEF, 제과식품노조BFAWU, 철도해운운수노조RMT — 은 그런 시류에 합류하지 않음으로써 명예를 지켰다). 노조 지도자들은 자신들보다 아주 조금 더 좌파적이었던, 잔류 진영 쪽의 '다른 유럽은 가능하다' 운동 본부와 함께 유럽연합이 진보적 사회 개혁을 위한 기구라는 헛소리를 늘어놨다. 이는 현재 유럽연합이 무지막지하게 퍼붓는 신자유주의 공격을 은폐할 뿐 아니라, 사회 개혁을 쟁취하는 데서 아래로부터의 투쟁이 하는 구실을 사실상 무시하는 처사였다.

최악의 장면은 계급 협력 정치가 나타난 것이다. 사디크 칸(노동당 소속 런던 시장)이 캐머런과 함께 유세 연단에 섰고, 녹색당 의원 캐럴라인 루커스는 보수당 인사들이 주축이 돼 구성한 잔류 진영의 '영국은 유럽 안에 있을 때 더욱 강하다' 운동 본부 이사회에 참가해, 존 메이저(총리 시절 탄광을 폐쇄하고 철도를 민영화하고 국가보건서비스NHS에 시장 원리를 도입하기 시작한 인물)가 탈퇴파 보리스 존슨을 비판할 때 환호했다(안타깝게도 탈퇴 진영에서도 리스펙트당의 조지 갤러웨이가 패라지와 함께 유세 연단에 섰다).

이렇듯 유럽연합 옹호론자들이 계급을 가로질러 손을 잡을 때, 노동당 대표 제러미 코빈은 나름 영리한 태도를 취했다. 예비내각에 참여하는 블레어주의자들의 압력을 받은 코빈은 당 대표가 된 지 얼마 지나지 않아 유럽연합 잔류 지지 입장을 내놓아야 했다. 그럼에도 코빈은 유럽연합을 열렬히 옹호하지는 않았다. 코빈은 보수당 인사들과 함께 유세 연단에 서기를 거부했고, 2016년 6월 초에는 유럽연합 옹호 주장을 하라고 마련된 연설 자리에서 잔류 진영 내 보수당과 유럽연합 자체를 비판하는 연설을 했다. 당시 중도 좌파 잡지 〈뉴 스테이츠먼〉은 이런 코빈의 태도를 못마땅해하며 다음과 같이 썼다.

> 코빈은 당내 유럽연합 잔류파가 자신의 열의를 문제 삼는 것이 사실은 다른 저의 때문이라는 인상을 줄 만큼만 유럽연합에 관해 좋은 소리를 했다. 그러고 나서는 자신의 핵심 지지자들이 좋아할 TTIP[미국과 유럽연합이 맺으려 하는 신자유주의적 무역협정] 비판과 철도 재국유화[유럽연합을 거스르는 조처] 주장을 했다. 더 중요하게는, 유럽연합에 반대하는 노동당 내 소수파 의원들과 활동가들이 '코빈도 속으로는 우리와 함께하고 있어' 하는 인상을

받도록 행동했다.

아마도 코빈은 이번 국민투표가 본질적으로 보수당 내부 문제이고, 노동당은 굿이나 보고 떡이나 먹으면 된다고 여긴 듯하다. 코빈의 행보는 영리한 처신일 수도 있고, 전통적 노동당 지지자들에게 탈퇴 표를 던지라는 신호를 보내는 것이었을 수도 있다. 그럼에도 그들에게 분명한 정치적 지도를 제공하지 못했다는 점에서는 문제가 아닐 수 없다. 만일 코빈이 공개적으로 유럽연합 반대를 긴축 반대와 결합시켰더라면 2015년 9월 그를 당 대표로 앉힌 광범한 운동을 더욱 강화했을 것이다. 한 여론조사 전문가는 다음과 같이 지적했다.

> 코빈마니아는 청년의 운동이고 소셜 미디어 운동이기도 했지만, 동시에 노동계급의 운동이었다. 노동당 대표 경선에서 투표한 사람들은 대체로 전체 영국인 평균보다 교육을 더 많이 받고 형편도 괜찮은 사람들이었지만, 그들 중 전체 평균에 가까운 사람들은 대체로 코빈을 지지했다. 코빈 지지자 가운데 연봉이 4만 파운드[6000만 원] 이상인 사람은 26퍼센트뿐이었다. 이는 전국 평균인 27퍼센트보다 조금 낮은 것이다(반면 다른 당 대표 후보 3인의 지지층에서 이 비율은 각각 29, 32, 44퍼센트였다). 다시 말해 코빈은 유복한 이상주의자 청년들과 노동계급 내 좌파를 모

두 얻은 것이다.

그런데 코빈이 모호한 입장을 취하면서 탈퇴 표를 던지고자 한 많은 노동계급 사람들을 영국독립당의 패라지나 보수당 탈퇴파 존슨에게 사실상 떠미는 효과가 났다. 그럼에도 이번 투표 결과에는 이질적 요소가 많다는 것을 유념해서 봐야 한다. 많은 급진 좌파와 자유주의 좌파는 인종차별적이고 이주민과 난민을 배척하는 사람들이 탈퇴 진영의 주된 동력이고, 탈퇴 진영이 승리하면 보수당 내 대처주의자들이 득세할 것이라고 주장했다. 유명 인사 빌리 브래그는 그런 인물 중 한 명으로 트위터에 다음과 같이 썼다. “탈퇴 표를 던지는 사람이 모두 인종차별주의자인 것은 아니겠지만, 인종차별주의자들이 모두 탈퇴 표를 던진다는 것은 분명하다.” 그렇지만 단순한 사실 몇 가지만 봐도 이 말이 틀렸음을 알 수 있다. 캐머런과 오즈번은 6년 동안 정부를 이끌면서 대처는 상상도 못 했을 정도로 신자유주의를 진척시켰다. 잔류 진영에 속한 재계의 거물이 탈퇴파인 노동당 의원에게 “1974년에 영국에 온 이주민이 … 우리 영국인들에게 이래라저래라 가르치려는 것이냐”고 끔찍한 말을 했다. 이것만 봐도 인종차별주의자들이 오롯이 한쪽에 있었다는 주장이 틀렸음을 알 수 있다.

그러나 한 파시스트가 노동당 조 콕스 의원을 살해하는 끔찍한 일이 벌어지자 그런 피상적 진단이 힘을 얻는 듯했다. 이 사건을 계기로 탈퇴파의 지도자들은 사기 저하된 반면, 잔류파는 국민투표에 인종차별 문제가 걸려 있다며 목소리를 높였다. 논쟁 구도를 이런 식으로 몰아가는 데 앞장선 것은 노동당 지도부였지만, 캐머런과 '영국은 유럽 안에 있을 때 더욱 강하다' 운동 본부도 마찬가지였다. 동시에 노동당의 톰 왓슨 부대표와 존 맥도널, 유나이트UNITE[영국과 아일랜드에서 조직된 최대 일반노조] 노조의 렌 매클러스키 사무총장은 영국이 유럽연합에 남더라도 노동자들이 이주할 자유를 어느 정도 제한할 필요가 있다며 후퇴했다.

이런 후퇴는 노동당 의원단과 노조 지도자들(압도적으로 잔류를 지지했다)이 보기에도 노동계급에 속한 많은 사람들이 탈퇴 표를 던질 것이 확연해졌고 그런 선택이 인종차별적 동기 때문이라는 판단에서 나온 것이다. 물론 인종차별이 영국과 유럽 전역에서 무섭도록 자라고 있다는 것은 삼척동자도 아는 사실이다. 그럼에도 조 콕스 살해를 근거로 영국에서 공공연한 파시스트들이 빠르게 조직되고 있다고 보는 것은 과장이다. 영국에서 파시스트 세력은 분명 존재하고, 그들을 끈질기게 감시하며 필요할 때는 맞불 집회도 조직해야 하지만, 지금 그들은 규모도 영세하고 자기들끼리도 반목하고 있는 처지다.

유럽연합 = 신자유주의 화신

이주민을 배척하는 인종차별 선동의 영향을 받아 탈퇴 표를 던진 사람이 꽤 많으리라는 것은 분명 부정할 수 없는 사실이다. 그러나 앞서 살펴봤듯이 이번 국민투표에서는 경제·정치 엘리트에 대한 반감도 인종차별만큼이나 중요하게 작용했다. 지난 40년간의 신자유주의, 10년 가까이 지속되는 경제 위기, 정체되거나 떨어지는 임금, 해결되지 않는 실업 문제, 공공 주택은 갈수록 악화되고 복지국가는 나날이 약해지는 현실이 엘리트층에 대한 반감을 낳았다. 유럽연합을 신자유주의 화신이자 민주주의 침해 기구로 비판하는 것은 그런 정서에 완벽하게 부합한다. 국제금융의 중심지인 런던에서는 잔류 표가 더 많이 나왔지만 잉글랜드의 나머지 지역과 웨일스의 대부분 지역에서는 탈퇴 표가 쏟아졌다. 한 분석에 따르면, 잉글랜드 북부의 투표율이 이례적으로 높았던 것이 균형추를 탈퇴 쪽으로 기울게 만들었다. 잉글랜드 북부와 북동부, 웨일스에서 탈퇴 표가 많이 나온 것에 대한 다음 분석을 보자.

> 이 지역은 누구나 인정하듯 노동당의 오랜 근거지이고, 탄광과 조선소가 있던 곳이다. 또한 2015년 총선에서 런던과 스코틀랜드를 제외하고 노동당이 승리한 몇 안 되는 곳이었고, 올해 가을에

총선이 치러져도 여전히 노동당의 표밭이 되리라고 예상되는 곳이다. 그러나 마르크스주의 지리학자들의 용어를 빌리면, 이 지역은 1970년대 스태그플레이션 이래 '공간적 조정'의 수혜를 입지 못했다. 대처가 갱도를 폐쇄하고 통화주의를 통해 이 지역을 피폐하게 만들었지만, 그 공백을 채워 줄 민간 부문의 일자리는 생기지 않았다. 신자유주의자들은 이 지역에서도 기업가 정신으로 무장한 투자자가 곧 나타날 것이라고 말했지만 현실은 전혀 그렇지 않았다.

노동당의 해결책은 정부 재정을 이 지역에 풀어 부가 조금 흘러가도록 하는 것이었다. 산업 공동화로 인한 피해를 줄이기 위해 공공 부문에 기반한 일자리를 웨일스 남부와 [잉글랜드] 북동부에 배치했고, 세금 공제를 통해 생산력이 떨어지는 서비스 부문의 생존을 도왔다. 이는 사실상 복지 제도 같은 구실을 했다. 비록 제도화되지는 않았지만 말이다. 그 대신 이 지역이 다른 지역에 기생한다고 보는 정치 풍토가 자라났다. 노동당은 자기 근거지의 유권자들에게 '다른 선택지가 없으니 결국 우리에게 투표할 수밖에 없을 것 아니냐' 하는 태도를 취했다. 신노동당은 이 지역에서 '재분배'를 도왔을지 몰라도 '존엄'을 되찾아 주지는 않았다. 이런 문화적 모순은 지속될 수 없었고 지리적 모순도 마찬가지였다. '공간적 조정'은 그 효과가 단기적이었을 뿐 아니라, 탈퇴 표를 던진 수많은 사람들이 가장 갈망한 것, 즉 자립함으로써 자존감을 지키고 싶다는 바람을 전혀 충족시켜 주지 못했다. 그 지역들이 남동부 지역에서 갈수록 오르는 세금에 기생하고 중도 좌파 정부는 그 돈을 (편파적으로) 흥청망청 쓴다는 인식이 팽배했기 때문이다.

투표 당일 나온 여론조사 결과를 보면, 탈퇴 표를 던진 사람의 49퍼센트 가까이는 유럽연합을 떠나고 싶은 가장 큰 이유로 "영국에 관한 결정은 영국에서 내려져야 한다는 원칙"을 꼽았다. 반면 "영국이 다시금 국경과 이민을 통제할 수 있기를 원해서"를 꼽은 사람은 33퍼센트였다. 탈퇴 표를 던진 사람들 중에는 흑인과 소수민족도 상당히 많았다. "백인 유권자는 53:47로 유럽연합 탈퇴에 더 많은 표를 던졌다." 또한 아시아계라고 응답한 사람의 33퍼센트, 흑인이라고 답한 사람의 27퍼센트도 탈퇴를 선택했다. 기독교인이라고 응답한 사람 58퍼센트가 탈퇴를 택했을 뿐 아니라, 무슬림 10명 중 3명도 탈퇴를 택했다.

그러나 보수당이 양 진영을 모두 주도하고, 영국독립당이 끊임없이 압력을 행사하면서 선거운동 기간 중 논쟁은 인종차별과 이주민 쟁점을 중심으로 진행됐다. 이 구도는 얼마든지 바뀔 수 있었고, 그러지 못한 데는 노동운동 지도자들의 책임이 매우 크다. 그들은 좌파적 입장에서 유럽연합을 비판할 기회를 내던졌다. 반자본주의자나 국제주의자까지는 아니더라도, 과거

토니 벤이 그랬듯이 좌파 개혁주의자로서도 유럽연합을 비판할 수 있었을 텐데, 그들은 그러지 않았다.

여기에는 유럽의 급진 좌파가 배워야 할 중요한 교훈이 있다. 유럽의 많은 급진 좌파는 코빈이 국민투표 선거운동 기간에 그랬듯이 여전히 "유럽연합 안에 남아서 개혁하자"는 입장을 고수한다. 2015년 그리스 시리자 정부가 유럽연합 핵심 국가들과 유럽중앙은행ECB에게 굴욕을 당하는 것을 본 뒤에도 여전히 그런다. 이런 입장은 효과가 없을 뿐 아니라 유럽연합 반대 진영을 송두리째 인종차별주의자와 파시스트에게 넘겨주는 것이다. 독일에서 급진 좌파 정당 디링케가 유럽연합 개혁 프로젝트를 고수하는 동안, [극우파인] '독일을 위한 대안AfD'이 유로화 반대, 이주민을 배척하는 인종차별, 무슬림 혐오를 결합시키며 디링케를 앞지르기 시작했다.

다시 영국 정치로 돌아가자. 과연 브렉시트 투표 이후 보수당 정부는 다시금 전열을 가다듬고 원상 복구될 수 있을 것인가? 현 정부는 선거 결과가 나오기 전에도 이미 위태로운 처지였다. 2015년 총선 이래로 정부는 거듭 후퇴했다. 오즈번은 노동자 감세 혜택 삭감, 장애인 수당 삭감, 일요일 영업시간 연장, 연금 생활자 감세 혜택 삭감, 학교 민영화 강행, 보호자 없는 아동 난민 수용 거부 문제에서 거듭 후퇴했다. 그 이면에는 보수당 안에서 캐머런과 오즈번에 적대적인 소수 강경 우파 의원들이 보수당 의석이 절반을 조금 넘는다는 점을 이용해 공격한 것이 있었다. 이제 보수당 내 우파는 브렉시트 투표 결과에 고무돼 유럽연합 탈퇴 절차를 서두르라고 압박할 것이다.

이렇게 분열된 현 정부는 앞으로 서로 충돌할 세 가지 일을 해야 한다. 첫째, 새 총리를 구해야 한다. 이 과정은 보수당 내 갈등을 더욱 악화시킬 공산이 크다. 둘째, 시장을 안정시켜야 한다. 이는 영국 자본주의에 유럽연합이 매우 중요하다는 점을 감안하면 만만한 일이 아니다. '검은 수요일'은 하루로 끝났지만 파운드화와 영국 증시는 한동안 힘든 시기를 겪을 수 있다. 셋째, 의원들이 대부분 브렉시트에 반대하고 지배계급의 핵심부는 국민투표의 의미를 애써 흐리려 하는 가운데, 정부는 전문가들이 모두 험난하고 지난한 과정이 될 것이라고 예상하는 유럽연합과의 탈퇴 협상을 절반이 조금 넘는 의석을 가지고서 벌여야 한다.

영국은 유럽공동체에 가입한 지 2년 뒤인 1975년 유럽공동체에 계속 잔류할 것인지를 묻는 국민투표를 시행한 적이 있다. 이에 대해 역사가 휴고 영은 이렇게 썼다. "논란에 종지부를 찍은 것은 자신감이 아니라 두려움이었다는 사실에 양쪽 모두 동의한다. 당시 탈퇴 진영은 영국인들에게 유럽 바깥에서 살아남는 것에 대한 확신을 주지 못했다." 그런데 이번에는 그런 두려움보다 신자유주의 시대를 거치며 누적된 불만이 더 컸다. 그러나 탈퇴 진영 지도자들이 영국인들에게 확신을 주지 못하고 있다는 점은 똑같다. 그들은 영국 자본주의가 장차 어디로 가야 할지를 놓고 우물쭈물하고 있다.

그런 점에서 코빈은 대안을 제시하기에 좋은 자리에 있다. 그는 국민투표 선거운동 동안 유럽연합과 거리를 둔 덕분에 탈퇴 표를 던진 수많은 노동당 지지자들과 관계를 복원하기 나쁘지 않다. 그러나 예비내각에 속한 블레어주의자들은 브렉시트 결과를 근거로 코빈을 밀어내려고 한다. 놀라울 정도로 오만한 행동인데, 이 쿠데타를 획책하는 자들이야말로 코빈보다 당 지도부에 훨씬 더 오랫동안 있어 온 만큼, 투표 패배에 책임이 더 크기 때문이다. 캐머런과 함께 잔류를 주장한 것도, 투표에서 패배한 것도 바로 그들이다. 더욱이 보수당의 위기를 이용해 조기 총선을 이끌어 낼 수도 있는 상황에서 노동당을 분열시키는 행위의 어리석음은 가히 범죄라 할 만하다. 그러나 코빈을 밀어내는 데 혈안이 된 힐러리 벤 같은 자들은 초토화 작전만이 노동당 안에서 자신들의 입지를 지키는 방법이라고 보는 듯하다.

향후 몇 달, 어쩌면 몇 년 동안 영국 정치에서는 유럽연합 내 이주의 자유라는 쟁점이 지배적 화두일 것이다. 보수당의 탈퇴파 존슨과 고브는 브렉시트가 정해지면 더는 이 원칙을 준수할 필요가 없다고 말한다. 그러나 누가 되든 캐머런의 후임자는 유럽단일시장에 남길 바라는 영국 대자본의 압력을 받을 것이고

(그래야 영국 금융계가 유럽연합의 금융 관련 업무들을 처리할 수 있다), 그 대가로 유럽연합은 영국에 이주의 자유 보장을 요구할 것이다. 국민투표 선거운동 기간에 코빈은 이 점을 지적하며 이민 규모를 제한할 수 없다고 말했는데, 이제는 이민 규모 제한을 받아들이라는 압력이 더 커질 것이다. 코빈에게 그런 압력을 넣는 사람들은 그래야만 코빈이 지도력을 지킬 수 있다고 주장할 것이다. 유명한 급진 좌파로 잔류 투표가 진보적이고 국제주의적인 실천이라고 강변했던 폴 메이슨은 투표가 끝나자마자 이제는 총선에서 이겨야 한다며 이주의 자유를 포기할 수 있어야 한다고 말했다.

국민투표를 거치면서 영국 사회에서 인종차별 물결이 더 강화됐다는 점에는 의심의 여지가 없다. 그러나 사태가 온전하게 보수당, 영국독립당, 파시스트의 바람대로 진행되지는 않고 있음을 강조하고 싶다. 2015년 가을 유럽 전역을 휩쓸었던 난민에 대한 연대 물결은 사라지지 않았다. 오히려 영국에서도 난민을 다방면으로 지원하는 기층 네트워크가 많이 생겨났다. 이미 2015년 9월 영국 인구의 31퍼센트가 이런저런 방식으로 난민 지원 활동에 참여했다. 주류 정치권에서는 난민 지지 목소리가 없었음을 감안하면(코빈과 그의 동료들은 예외지만), 난민 지원 운동이 스스로 조직화한 것은 실로 놀라운 일이다. 이 운동은 인종차별주의자들의 영향력을 상쇄할 강력한 힘이 있다. 런던 시장 선거에서 보수당이 무슬림인 노동당 후보 사디크 칸에게 인종차별적 비난을 퍼붓다가 참패한 것은 인종차별적 공격을 가로막는 또 하나의 방벽을 보여 줬다. 대도시에서 다양한 사람들이 섞여 살면서 일상적으로 체득하는 관용은 인종차별에 맞선 방벽이 될 수 있다.

그러나 이처럼 저변에 흐르는 인종차별 반대 정서는 조직돼야 한다. '인종차별에 맞서 일어서자Stand Up To Racism'가 결성된 것은 그런 노력이 광범한 호응 속에서 시작되고 있음을 보여 준다. '인종차별에 맞서 일어서자'는 2016년 3월 19일 인종차별 반대의 날 국제 행동을 건설했고, 6월 18일에는 정부의 방해를 뚫고 프랑스 칼레의 난민촌에 구호품을 전달하기 위한 운동을 조직했다. 이번 국민투표 과정에서 좌파적이고 국제주의적인 관점으로 유럽연합을 비판한 '렉시트Lexit('좌파left'와 '탈퇴exit'의 합성어)'가 결성된 것도 주요 성과 중 하나다. 렉시트가 중요한 것은 자체적으로 탈퇴 표를 많이 끌어왔기 때문이라기보다는 다양한 스펙트럼의 급진 좌파를 결집했기 때문이다.

계급적 관점에서 유럽연합을 거부하고자 한 노동계급 사람들을 대변해서 렉시트는 작지만 중요한 정치적 목소리를 냈다. 노동당 좌파가 중심이 된 '다른 유럽은 가능하다' 운동 본부 지도자들이 계급 협력적으로 행동한 것과는 다른 대안을 보여 줬다. 또한 영국 극좌파가 지난 수년간 부진함과 쇠퇴에서 벗어나지 못했던 것을 상기하면, 서로 다른 전통의 조직들이 잘 협력한 것은 중요한 전진이다. 그러나 전체 영국 좌파 가운데 렉시트는 소수였고, 나머지 좌파는 대체로 유럽연합이 신자유주의와 인종차별에 맞설 보루라고 확신했다. 그 때문에 논쟁은 거칠었고 특히 투표일이 가까워질수록, 그리고 투표 결과가 나온 뒤에, SNS에서 더 그랬다.

그렇지만 국민투표 결과로 말미암아 장차 영국은 더 많은 격랑에 휘말릴 것이다. 이에 제대로 대응하지 못하면 크게 위험해질 수도 있는 만큼 영국의 급진 좌파는 유럽 문제에 대한 이견을 불비례적으로 강조하는 우를 범해서는 안 된다. 이번 국민투표는 양 진영 모두에게 쉬운 선택이 아니었다는 것을 기억하자. 유럽연합이라는 신자유주의·제국주의 괴물과 이를 지원하는 영국 자본주의의 핵심 부문이 주도하는 잔류 진영, 이주민을 혐오하고 인종차별적인 대처주의자들이 주도하는 탈퇴 진영 사이에서 양자택일할 수밖에 없는 난처한 상황이었다. 더욱이 이번 국민투표가 보수당의 분열로 시작된 만큼 어느 진영에 서든 보수당 일부와 함께 표를 던지게 돼 있었다(물론 기권도 한 방편이었겠지만, 그랬다면 영국에서 향후 몇 년간 볼 수 없을 만큼 크게 벌어진 정치 논쟁을 외면하는 셈이었을 것이다).

영국뿐 아니라 어쩌면 전 세계 자본주의 앞에 험난한 일들이 기다리고 있다. 보수당은 이를 헤쳐 나가려고 더 많은 공격을 할 것이 확실하다. 당장 시장의 신뢰를 회복하려고 더 많은 긴축을 추진할 수 있다. 당분간 영국 정치에서 스코틀랜드 분리 독립 문제와 유럽연합 잔류와 같은 문제들이 계속해서 블랙홀 구실을 할 것이다.

한편으로는 영국과 유럽연합이 앞으로 맺을 관계를 결정하는 협상이 진행될 것이다. 그 과정에 개입하는 것이 중요한데, 단적으로 이주의 자유를 지키기 위해 투쟁해야 한다. 다른 한편으로는 영국 자체를 쪼갤 수 있는 국민투표가 스코틀랜드뿐 아니라 북아일랜드에서도 치러질 수 있다. 또 당장은 노동당 우파에 맞서 싸워야 한다. 인종차별과 긴축과 전쟁에 맞서고, 2015년 코빈의 당선으로 생겨난 정치적 공간을 지키기 위한 단결이 시급하다.

왜 영국은 브렉시트를 택했나

김종환

2016년 6월 23일 국민투표 결과 영국의 유럽연합 탈퇴가 결정됐다. 그러자 인종차별이 득세한 결과라며 두려워하는 사람들이 있다. 그러나 권력층에 대한 반감이 표출된 것으로 봐야 한다.

세계경제 위기 발발 이후 영국 노동계급은 끊임없이 공격에 시달려 왔다. 영국 노총 자료를 보면, 2007~2015년 경제협력개발기구 나라들 중 실질임금이 영국만큼 많이 떨어진(10.4퍼센트) 곳은 그리스뿐이다. 반면, 영국 최상위 부자 1000명의 재산은 갑절 이상으로 늘어 5760억 파운드(1인당 평균 8000억 원)가 됐다.

이에 대한 반감에는 당연히 모순된 요소가 섞여 있고, 그것이

출처: 〈노동자 연대〉 183호(2016년 10월 18일). 이 글은 Charlie Kimber, "Why did Britain vote Leave?", *International Socialism* 152(Summer 2016)를 기초로 작성됐다.

장차 어디로 향하게 될지는 예정돼 있지 않다. 그럼에도 혁명적 사회주의자들은 유럽연합에 대한 반감이 표출된 상황을 반긴다.

영국 사회주의노동자당은 세 가지 이유로 탈퇴에 투표하자고 주장했다. 첫째, 유럽연합은 친자본주의 기구이고, 특히 지난 몇 년 동안 유럽 전역에 긴축을 강요했다. 둘째, 유럽연합은 이주민·난민에게 인종차별적이다. 유럽을 찾는 많은 난민이 지중해에 수장되고 있다. 셋째, 유럽연합은 제국주의 악당의 일원이자 미국이 세계 각지에서 저지르는 만행을 나토와 함께 돕는 핵심 기구다. 이 때문에 미국은 1940년대 이래로 유럽을 하나로 묶어 자신의 하위 파트너로 만들려고 해 왔다.

그래서 영국 사회주의노동자당은 몇몇 좌파 단체, 일부 노동조합 지도자들과 함께 '좌파적 탈퇴(렉시트)' 운동을 벌였고, 인종차별에 타협하지 않으면서도 반자본주의적이고 국제주의적인 원칙에 근거해 유럽연합에 반대하는 주장을 폈다.

여론조사 업체 애슈크로프트는 투표 당일 전국 1만 2369명에게 질문을 던졌다. 애슈크로프트는 설문 응답자를 다음과 같이 직업별로 분류했다(다음 표 참조).

A를 제외한 나머지 계층에는 노동자가 많이 포함된다. 대학 강사, 교사, 보건 노동자 일부는 B에도 포함된다.

잔류에 더 많이 투표한 집단은 A와 B뿐이다. 소득이 적을수록 탈퇴에 투표할 확률이 높았던 것이다. 공공 임대주택 거주자의 3분의 2가량이 탈퇴에 표를 던졌다. 노동계급은 누적돼 온 쓰라림과 분노를 탈퇴 찬성 투표를 통해 표현한 것이다.

사회계층에 따른 탈퇴 투표 비율(출처: 애슈크로프트)

계층	인구 비율 (퍼센트)	탈퇴 투표 비율 (퍼센트)
A: 경영·관리·전문직(상급)	4	A+B: 43
B: 경영·관리·전문직(중급)	23	
C1: 감독직, 사무직, 경영·관리·전문직(하급)	27	C1: 51
C2: 숙련 육체 노동자	21	C2: 64
D: 반숙련·미숙련 육체 노동자	16	D+E: 64
E: 연금생활자, 임시직 노동자, 사회부조에 의존하는 실업자	9	

지리적으로 보면, 잉글랜드에서는 런던을 제외한 모든 지역에서 탈퇴가 더 많았다. 웨일스에서도 탈퇴가 더 많았다. 런던에서도 탈퇴에 투표한 사람은 150만 명을 넘었다. 지역을 더 세부적으로 살펴보면, 과거 대처 정부의 공격을 많이 당한 곳일수록 탈퇴 투표 비율이 높아 60~70퍼센트에 달했다.

한편, 대학생 유권자의 87퍼센트가 투표했는데 그중 85퍼센트가 잔류에 투표했다. 그들 중 상당수는 난민·이주민의 처지에 연민을 느끼고, 모종의 국제주의를 지향하고, 영국독립당 같은 반동적 세력을 견제하려 했을 것이다. 다시 말해, 많은 청년들이 진보적 가치를 지향해 투표한 것이고, 이것은 사회주의자들이 관여하기에 우호적인 여건이다.

탈퇴 투표자의 절반은 "영국에 관한 결정은 영국에서 내려져야 한다"는 것을 단연 중요한 이유로 꼽았다. "국경 통제"를 이유로 꼽은 사람은 3분의 1에 그쳤다. 인종차별적 동기보다 유럽연합의 엘리트주의적 비민주성에 대한 반감이 더 컸던 것이다.

이주민에 관한 의견 분포는 다루기가 까다롭다. 탈퇴 투표자의 14퍼센트만이 이주민을 긍정적으로 여겼고 62퍼센트는 부정적으로 여겼다. 잔류 투표자는 긍정 57퍼센트, 부정 17퍼센트였다. 이는 앞에서 본 사회계층 중 가장 하위인 C2, D, E에 속하는 응답자들이 상위 계층보다 이주민에 대한 부정적 인식을 더 거리낌없이 드러내는 것과 관계있다.

이런 결과는 사회주의자들 앞에 엄중한 과제가 있음을 보여준다. 그러나 그 원인을 보통 사람들 탓으로 돌려선 안 된다. "이주민 유입에 반대하는 여론은 1990년대 말에서 2000년대 초에 크게 늘었고 2003년 이후로는 대체로 일정 수준에서 유지되고 있다"("2016 영국인들의 사회 인식 조사").

수십 년 동안 주요 정당과 언론은 이주민이 너무 많이 들어오는 바람에 일자리가 부족해지고, 주택난이 심각해지고, 임금이 떨어지고, 공공서비스가 망가진다고 선동했다. 지배자들은 개인주의를 부추긴다. 그래서 삶을 개선하려면 (집단적 해결책을 모색하지 말고) 바로 옆 사람을 밟고 일어서라고 가르친다. 인종차별도 그런 식으로 부추긴 것이다. 더욱이 이번 국민투표에서 인종차별주의자들은 잔류 진영과 탈퇴 진영 모두에서 설쳤다.

그런데도 무수한 대중이 여전히 인종차별을 거부한다는 점이 진정 놀랍다. 2015년 9월의 여론조사는 영국인 셋 중 한 명이 난민 구호 기금 모금과 연대 활동에 참가했다고 밝혔다. 여론조사 업체 입소스모리가 올해 7월 발표한 이주민에 관한 국제적 인식 결과를 봐도 영국인은 35퍼센트가 이주민에게 우호적이었다. 조사 대상 22개국 중 네 번째로 높았고 유럽에서는 가장 높은 것이었다. 영국 노동자는 대부분 인종차별주의자가 아니고, 탈퇴 투표자들도 마찬가지인 것이다.

일각에서는 브렉시트 결정으로 영국독립당이 부상하리라고 봤지만 현실은 달랐다. 영국독립당은 국민투표 이후 보궐선거가 치러진 20곳 중 11곳에서 득표율이 떨어졌고 오직 한 곳에서만 득표율이 올랐다(나머지 8곳은 새로 출마한 곳이었다). 벡슬리세인트마이클 선거구에서는 국민투표 1주일 뒤에 보궐선거를 치렀는데, 유럽연합 탈퇴 표가 63퍼센트가 나온 이곳에서 영국독립당의 득표율은 지난번보다 15퍼센트가 줄었다.

영국 파시스트들의 처지도 다르지 않다. 국민투표 결과가 나온 주말에 뉴캐슬에서 있었던 나치 집회에는 전국에서 나치 동조자 겨우 스무 명이 모였다. 300명에 달하는 반파시스트 시위대가 "난민 환영한다", "나치 꺼져라"라는 구호로 그들을 압도했다. 결국 파시스트들은 3시간 만에 꼬리를 내릴 수밖에 없었다. 7월 사우샘프턴에서도 '16명 대 1000명'으로 반파시스트 시위대가 승리했다. 경계를 늦춰서는 안 되겠지만, 파시스트들이 성장하고 있다는 것은 인상에 불과한 견해일 뿐 아니라 그들을 막는 데도 도움이 안 되는 주장이다.

국민투표에서 드러난 노동자들의 반反권력층 정서를 긍정적 방향으로 이끌려면 노동자들의 모순된 의식을 이해하는 것이 매우 중요하다.

이탈리아 마르크스주의자 안토니오 그람시는 각각의 노동자가 "두 가지 이론적 의식(또는 한 가지 모순된 의식)"을 동시에 갖고 있다고 지적했다. 첫째 의식(또는 모순된 의식의 한 측면)은 노동자의 실천 속에 잠재해 있고 그가 다른 노동자와 협력하게 해 준다. 둘째 의식(또는 모순된 의식의 반대 측면)은 노동자가 지배계급의 생각을 무비판적으로 수용해서 생긴 것이다.

투표 직전에 실시된 입소스모리의 여론조사를 보면, 이런 모순된 의식이 어떻게 생겨났는지 알 수 있다. 당시 유권자의 42퍼센트, 탈퇴 투표 의향자의 65퍼센트가 이주민은 영국 사회 전체로 보면 부정적 영향을 끼친다고 답했다. 그런데 자신이 사는 지역에 국한된 영향을 물었을 때는 부정적 응답이 24퍼센트로 뚝 떨어졌다. 탈퇴 투표 의향자의 절반가량은 이주민이 자기 동네에서는 긍정적 영향을 끼치거나 별다른 영향을 미치지 않는다고 답했다. 나아가, 개인적 경험을 물었을 때는 유권자의 78퍼센트, 탈퇴 투표 의향자의 62퍼센트가 이주민이 자기에게 좋은 영향을 끼쳤거나 별다른 영향을 끼치지 않았다고 답했다. 다시 말해, 사람들이 이주민을 부정적으로 말할 때는 (자신이 직접 경험하지 못한 것에 대해) 대체로 언론과 정치인들이 떠드는 것에 의존하는 것이다.

사람들의 의식을 바꾸는 단연 가장 좋은 방법은 투쟁에 참가하는 것이다. 커다란 파업이 벌어지면 노동자들은 서로를 경쟁자가 아니라 동지로 보게 된다. 반면, 파업이 적을수록 노동자들을 분열시키는 생각들이 퍼지기가 더 쉽다.

인종차별은 앞으로도 계속 뜨거운 쟁점이 될 것이다. 브렉시트 협상 과정에서 영국 정부는 영국 내 유럽인의 권리나 유럽인이 영국으로 자유롭게 이주할 자유를 빼앗거나 억누르려 할 것이기 때문이다. 공동전선 '인종차별에 맞서 일어서자'를 통해 이주민의 권리를 옹호하고, 난민을 환영하고, 인종차별에 반대하는 것이 매우 중요하다.

지난 몇 년간 영국 정치는 이변의 연속이었다. 영국독립당이 수백만 표를 얻으며 떠올랐고, 스코틀랜드에서는 독립 투표가 치러지면서 스코틀랜드국민당SNP이 떠오른 반면 노동당은 스코틀랜드에서 거의 붕괴했다. 이후 제러미 코빈이 긴축 반대 정서에 힘입어 모든 이의 예상을 뛰어넘어 노동당 대표가 됐다. 앞으로도 더 많은 이변이 있을 것이다. 사회주의자들은 그런 이변을 그저 구경만 하고 있어서는 안 된다. 적극 개입해야 한다.

영국 정부와 유럽연합의 인종차별적·신자유주의적 브렉시트 합의

찰리 킴버

브렉시트 국면의 결정적 순간이 다가오고 있다. 보수당 소속 영국 총리 보리스 존슨과 유럽연합 최상층 인사들이 브렉시트 합의안을 타결했다. 이 합의안이 확정되면 2019년 10월 31일 영국이 유럽연합을 탈퇴한다. 유럽연합 27개국이 10월 17일 저녁 유럽이사회 회의에서 이 안을 추인했다.

그러나 이 합의안이 최종 확정되려면 영국 의회 가결이라는 높은 문턱을 넘어야 한다. 그리고 이 합의안은 전 총리 테리사 메이의 안보다 훨씬 더 신자유주의적이다.

합의안에 따르면 영국은 브렉시트 이후에도 긴 과도기 동안

원문: Charlie Kimber, "Boris Johnson and EU agree a racist, neoliberal Brexit deal", *Socialist Worker* 2677(17 Oct 2019).

유럽단일시장의 시장 경쟁 촉진과 국가보조금 제한에 관한 규제[공공 부문 경쟁 체제 도입 요구 등]를 준수해야 한다. 게다가 이번 합의안은 이전의 안과 달리 노동자 권리, 평등, 환경 문제를 신경 쓰는 척도 하지 않는다. 이번 합의안에 따르면 영국은 더는 유럽연합과 동등한 수준의 규정을 갖출 필요가 없다. 노동자들이 국경을 넘나들며 일할 자유는 사라지고, 지금보다 훨씬 더 가혹한 인종차별·반反이주민 법이 허용된다. 보수당 정부는 이번 합의로 기업 규제를 완화하고 부자와 기업의 세금을 깎을 길을 열길 바란다. 이들에게 가장 중요한 교역 상대는 도널드 트럼프 정부의 미국이다.

이번 합의에서 존슨이 유럽연합에게서 얻어 낸 중요한 변화는 북아일랜드에 관한 것이다. 새 합의안에 따르면 북아일랜드에는 유럽연합의 관세·통관 규칙이 적용될 것이다. 남·북 아일랜드 사이에 대규모 세관이나 국경 통제선이 들어서는 일은 없을 것이다. 그 대신 영국 본토로 수입되는 상품은 모두 통관 절차를 거쳐야 한다. [현재 한 나라인] 북아일랜드와 영국 사이에 상당한 관세장벽이 생기는 것이다.

당연히 영연방병합당DUP[북아일랜드 우파 정당이자 보수당의 연정 파트너]은 겁에 질려 게거품을 물었다. 북아일랜드가 잉글랜드·

스코틀랜드·웨일스[영국 나머지 지역들]와 한 국가에 속하지 않음을 시사하는 모든 것에 영연방병합당은 질색한다. 영연방병합당은 이번 합의를 계기로 [북아일랜드가 영국에서 떨어져 나오고] 남·북 아일랜드가 통일로 서서히 나아갈까 봐 두려워한다.

10월 19일 존슨이 하원 임시회의에서 합의안을 통과시킬 때 영연방병합당 의원 10명의 의사는 결정적으로 중요할 수 있다. 영연방병합당 의원들이 이 안을 지지하지 않으면 몇몇 보수당 의원도 반대에 투표할 수 있다. 영연방병합당은 10월 17일에 성명을 발표해 이렇게 주장했다. "우리 당이 보기에 이번 합의안은 북아일랜드의 경제적 번영에도, 영국 국가의 결속에도 득이 되지 않는다." 영연방병합당은 "의회에서 이 합의안을 지지할 수 없다"고 덧붙였다. 이번 합의안이 영국 안에 별도의 관세 구역을 두므로 적법하지 않다고 주장하는 법리적 공방도 있다. 브렉시트당은 이미 배신이라고 아우성치고 있다. [브렉시트당의 지도적 극우 정치인] 나이절 패라지는 이렇게 말했다. "이번 합의안은 브렉시트라 보기 어렵다."

10월 17일 오후 존슨에게 도움의 손길이 뻗쳐 왔다. 영국 의회가 합의안을 부결하면 브렉시트 협의 기간을 연장하지 않겠다는 식으로 유럽연합 집행위원장 장클로드 융커가 말한 것이다. 이번 합의안을 거부하면 '노 딜 브렉시트'[합의안 없는 브렉시트]만 남을 것이라는 말이다. 그러나 다른 유럽연합 인사들은 브렉시트 협의 기간 연장이 가능하다고 밝히며 즉각 융커의 말을 일축했다.

합의안이 의회에서 통과하지 않으면 존슨은 "국민의 뜻에 반하는 엘리트" 운운하는 거짓 선동에 잔뜩 열을 올릴 것이다. 그러면서 [2016년 유럽연합 탈퇴 여부를 묻는 국민투표에서 탈퇴를 찍은] 1740만 표와 민주주의를 중시하는 모든 사람의 대변자를 자처해, 다가올 총선에서 승리하기를 바랄 것이다.

노동당은 합의안에 반대 투표하겠다고 밝혔다. 그러나 노동당은 어떤 시점이 되면 최종 합의안을 놓고 [합의안을 받아들일지 유럽연합에 잔류할지를 묻는] 2차 국민투표를 시행하는 개정안을 추진하겠다고 밝히기도 했다. 노동당 대표 제러미 코빈은 이렇게 말했다. "영국을 헐값에 팔아넘기는 이 합의안은 영국을 하나로 모으지 못할 것이다. 이 합의안에 반대해야 한다. 브렉시트 문제를 해결할 가장 좋은 방법은 국민이 국민투표로 최종 결정을 하게 하는 것이다."

만에 하나 2차 국민투표 실시안이 통과되면 적어도 2020년까지는 총선이 치러지지 못할 것이다. 그간 노동당은 자유민주당 등과 손잡고 의회적 책략에 몰두하느라 조기 총선을 치러 보수당을 끌어내릴 기회를 거듭 외면해 왔다. 이제 노동당은 국민투표를 다시 치르느라 긴축, '유니버설 크레디트'[복지 통폐합·개악 제도] 시행, 인종차별적 억압 심화, 기후변화 무대응 등 수많은 악행을 앞으로 몇 달이고 더 견뎌야 한다고 강변한다. 이는 노동당이 2017년 총선에서 내세웠던 입장에서 심각하게 후퇴한 것이다.

[그 어떤 브렉시트에도 반대하는] 대기업의 요구에 타협하기보다는 존슨의 합의안에도, 유럽연합에도 반대하는 독립적·계급적 입장을 견지해야 한다.

2장

세계화는 끝났는가?

2019년 7월 5일 영국 '마르크시즘 2019'에서 발표한 내용을 녹취해 번역한 것이다.

2019년은 1989년 동유럽 혁명 30주년이 되는 해다. 그해 동부와 중부 유럽에서는 혁명이 일어나 스탈린주의 정권을 쓸어 버렸다. 이제는 여러 측면에서 그 사건의 의미를 논할 수 있다. 그러나 한 가지 측면에서 돌이켜 보면, 동유럽 혁명은 세계 자본주의가 세계화 시대에 접어들었음을 극명하게 보여 주는 역사적 순간이었다.

당시 세계화는 세계, 특히 유럽을 두 초강대국 진영으로 나눈 장벽이 허물어지면서 가시화했다. 그것은 서방 자본주의의 수장인 미국이 모든 국민경제를 신자유주의라는 자유 시장 규범 아래 복종시키고 세계 체제로 통합하는 데 성공했기 때문이다(이런 통합은 사실 1980년대 초 제3세계 부채 위기 때부터 시작됐다). 냉전 종식은 세계 자본주의를 갈라놓은 장벽을 완전히 무너뜨리는 데 일조했다.

세계화의 핵심은 무엇일까? 중요한 세 측면이 있다.

마르크스주의자에게 가장 근본적인 첫째 측면은 세계적 생산 네트워크의 발전이다. 다시 말해 생산이 점점 더 초국적 수준에서 조직된다는 것이다. 다국적기업의 힘이 이를 가장 눈에 띄게 보여 주지만, 여러 기업의 다양한 프랜차이즈나 위탁계약으로 국경을 넘나드는 생산이 조직된다는 점 또한 오늘날 자본주의의 중요한 특징이다. 거대한 대만 기업 폭스콘은 중국에서 100만 명 이상을 고용해 (최근 들어 캘리포니아에 본사가 있음을 강조하는) 애플의 제품을 최종 조립한다. 세계적 생산 네트워크의 발전을 실감케 하는 사례다. 이런 변화는 제조업이 영국 같은 나라에서 쇠퇴하고 중국이나 남반구 일부 지역에서 팽창한 것과 연관이 있다.

세계화의 둘째 측면은 국제무역이 더 빨리 성장한다는 점이다. 이는 대체로 세계적 생산 네트워크가 발전한 결과다. 왜냐하면 국제무역은 흥미롭게도 대부분 다국적기업 내에서, 즉 그 기업에 속해 있는 한 현지 기업이 또 다른 나라에 있는 현지 기업과 거래하는 식으로 이뤄지거나, 적어도 세계적 생산 네트워크 내에서 이뤄지기 때문이다.

세계화의 마지막 측면은 1930년대 대공황 이전처럼 세계적으로 통합돼 있으며 유동성과 이동성이 높은 금융시장이 다시 발전한다는 점이다. 그 결과 거대 투자은행의 경제적·정치적 힘이 커졌다. 그래서 많은 사람이 금융 세계화를 논할 때 골드만삭스나 JP모건을 떠올린다. 흥미롭게도 두 거대 초국적 투자은행은 1920년대에도 매우 강력했다.

많은 면에서 신자유주의는 이런 변화를 정당화하는 이데올로기였으며 이런 변화의 가속화를 정당화하는 데에도 기여했다. 예컨대 제3세계 부채 위기는 여러 남반구 국가에 경제 개방을 강요하는 데 이용됐는데, 이때 신자유주의가 그 근거로 제시됐다. 지금은 신자유주의가 약화했지만(그 이유는 잠시 후 설명할 것이다), 1990년대와 2000년대에는 세계화가 엄청난 결과를 낳을 것이라는 떠들썩한 논의가 있었다.

그런 논의의 가장 조악한 예는 〈뉴욕 타임스〉에서 고액의 원고료를 받는 칼럼니스트 토머스 프리드먼이 2005년에 쓴 《세계는 평평하다》라는 책이다. 유머 감각도 없고 몇 년 후 자기 주장이 어리석어 보일 것임을 내다보지 못한 프리드먼은 세계화가 세계를 훨씬 평등하게 할 것이고, 특히 북반구와 남반구의 극심한 격차를 줄일 것이라고 썼다.

이것의 좌파 버전도 있다. 20여 년 전 마이클 하트와 안토니오 네그리는《제국》이라는 유명한 책을 썼다.《제국》의 내용 또한 세계를 여러 부분으로 나눠 온 경계를 자본주의 세계화가 허물었다는 것이다.

그러나 세계화는 언제나 정치적 반대에 직면했다. 1990년대가 끝나기 직전 시애틀 시위와 그것이 상징하는 국제적 운동이 일어났다. 이 운동은 '반反세계화' 운동이라는 부정확한 이름으로 불렸다. '반세계화' 운동은 사실 신자유주의적 형태를 취한 세계화에 반대하는 운동이었다. 그래서 나중에는 "대안 세계화" 운동이라는 더 정확한 명칭이 논의되기도 했다. 이처럼 1980년대부터 우리가 겪어 온 형태의 세계화는 언제나 왼쪽의 반대에 부딪혔다.

그리고 오늘날 그 세계화는 심각한 위기에 빠졌다. 위기의 결정적 요소 하나는 2007~2008년 금융시장 붕괴와 그 후 이어진 장기 불황이다. 이는 세계경제에 선명한 흉터를 남겼다.

세계화의 한 가지 징후는 국제금융 흐름이 중요해진다는 것이다. 세계화에 대한 다소 천박한 논의에서, 세계화란 오로지 컴퓨터 자판을 몇 번 두드리면 국경을 넘나드는 돈 따위에 관한 것이다. 2008년 이전에 분기별 국제 자본 흐름은 세계 GDP의 10~15퍼센트에 달했다. 이는 상당히 많은 양이다. 2008년 이래 이 수치는 5퍼센트 미만으로 떨어졌다. 국제금융의 이동성이 줄어든 것이다. 위기의 한 징후다.

국제무역 성장도 둔화했다. 세계화의 도취감이 극에 달한 1990년대에 국제무역 증가율은 세계 GDP 성장률의 두 배였다. 국제무역이 세계 GDP보다 두 배 빨리 성장했다는 것이다. 이제 그 비율은 거의 일대일이다. 국제무역 증가율이 GDP 성장률 수준으로 떨어진 것이다. 몇 달 전 〈이코노미스트〉는 방금 언급한 사례와 그 밖의 많은 사례를 들며 '슬로벌라이제이션

slobalization', 즉 세계화가 얼마나 느려졌는지를 다뤘다.

2008년 금융시장 붕괴가 벌써 10년도 더 된 일인 만큼 이런 변화는 구조적 패턴으로 보인다. 세계 자본주의가 작동하는 방식에 변화가 일어난 것이다.

정치적 반발

그러나 세계화의 위기에는 또 다른 측면이 있다. 바로 세계화를 겨냥한 정치적 반발이다. 안타깝게도 지금은 극우가 이를 주도한다. 미국 대통령 트럼프가 미국 독립 기념일에 벌인 터무니없는 군사 행진은 그의 세계관을 상징적으로 보여 준다. 워싱턴 한복판을 탱크가 가로지르는 것이 '미국을 다시 위대하게' 만드는 것이라니. 이탈리아에는 기성 정치를 지배하는 극우 정치인이자 부총리인 마테오 살비니가 있고,* 프랑스에는 파시스트인 마린 르펜이 있다. 르펜은 아직 프랑스 정치를 지배한다고까진 할 수 없지만 꽤 성공을 거두고 있다.

이런 정치인들의 미사여구를 잘 들어 보면 세계화를 겨냥하고 있음을 알 수 있다. 그들은 흔히 이주민을 적대하는 인종차별을 세계화에 대한 비판인 것처럼 내놓는다. 트럼프 식으로 표

* 2019년 9월 오성운동과의 연정을 파기하면서 부총리직에서 물러났다.

현하면 '국제 엘리트'들이 이민자를 계속 들여와 우리나라의 문화를 망치고 '정주' 노동자의 일자리를 빼앗는다는 것이다.

그러면서 우리는 신자유주의적 민주주의의 정치적 파산을 목도하고 있다. 이는 상당 부분 위기의 산물이다. 더 정확히 말해, 위기의 후유증은 세계화에 반대하는 것으로 자주 묘사되는 정치적 반발을 낳았다.

여기에는 일자리와 생활수준에 대한 장기적 압박이라는 요인이 있다. 이는 미국에서 가장 뚜렷했고 영국에서도 뚜렷해지고 있다.

2008~2009년의 장기 불황이 초래한 충격도 중요하지만 주요 지배계급이 위기에서 벗어나려고 취한 방식도 매우 중요하다. 이들은 위기를 극복하기 위해 세계 자본주의의 모든 주요 부문에서 긴축을 밀어붙였다. 지배계급의 입장에서 긴축이 진짜로 뜻하는 바는 이렇다. '우리가 구축한 신자유주의는 우리를 진짜 부유하게, 어쩌면 우리가 탐욕스럽게 꿈꿔 온 것보다도 더 부유하게 했어. 신자유주의는 이번 위기를 촉발했지만 그 비용은 우리가 아니라 너희 서민이 치러야지. 일자리, 공공서비스, 교육 따위를 삭감할 거야. 평범한 사람들이 대가를 치를 테지.' 지배계급은 그러고도 자신들이 무사하리라 생각했다. 그렇지만 아니나 다를까 그들은 그럴 수 없었다.

소위 '포퓰리즘' 운동은 신자유주의 엘리트가 세계경제를 운영한 방식, 특히 위기의 비용을 평범한 사람들에게 떠넘긴 것에 대한 일종의 정치적 반발이다. 비록 '포퓰리즘'은 사태를 매우 부정확하게 지칭하는 표현이지만 말이다.

이처럼 위기는 주요 국가에서 신자유주의적 민주주의의 정치적 파산을 초래했다. 이는 체제의 핵심부에서 벌어지는 일이기에 다시 세계경제에 반작용을 가한다. 특히 세계화의 측면에서 이 반작용은 세계에서 가장 큰 두 경제 대국인 미국과 중국의 무역 전쟁이라는 형태로 나타났다. 세계화 시기에 서로 경제적으로 깊숙이 얽힌 두 나라가 이제 충돌하고 있다.

이는 부분적으로 트럼프 행정부의 노선과 관련이 있다. 트럼프는 관세를 사랑한다. 트럼프 행정부에 대해 내부자들이 전한 여러 폭로가 있었는데, 그중에는 이런 것도 있다. 트럼프가 취임한 지 얼마 안 돼 고위 경제 관료들과 회의를 하는데, 트럼프는 "관세를 매겨, 관세를 매기란 말이야"라고 했고 골드만삭스 출신 경제 보좌관은 얼굴이 하얗게 질려 버렸다고 한다. 결국 트럼프는 관세를 얻어 냈고 얼굴이 하얗게 질린 문제의 인물, 게리 콘은 [국가경제위원회NEC 위원장에서] 사임을 강요당했다. 그러나 트럼프만이 아니라 트럼프의 몇몇 무역정책 보좌관들, 예컨대 트럼프가 신설한 국가무역위원회 위원장 피터 나바로 같은 자들도 관세를 원한다. 나바로는 자신의 목표를 분명하게 천명한다. 나바로는 미국 기업들이 멕시코와 중국을 끼고 발전시켜

온 초국적 생산 네트워크를 미국으로 되찾아 오겠다고 여러 차례 말했다. 나바로가 목표 달성에 성공한다면 세계화에 심각한 타격을 줄 것이다.

그러나 미·중 갈등이 단지 트럼프나 나바로의 별난 성향 때문이 아님을 이해하는 것이 매우 중요하다.

에드워드 루트왁은 스스로 '전략가'라고 칭하는 매우 명석한 우파 사상가다. 1990년대 말 세계화 시대에 루트왁은《터보 자본주의》라는 책에서 세계화 '굿판'이 온통 혼란에 빠지리라 예측한다. 꽤나 선견지명이 있었던 것이다. 그뿐 아니라 루트왁은 "지리경제학적" 충돌의 시대, 즉 주요 국가들 사이의 충돌이 주로 경제적 갈등으로 나타나는 시대가 시작됐다고 주장했다.

바로 미국과 중국 사이에서 그런 갈등이 벌어지고 있다. 중국은 미국 패권이 여태껏 직면한 도전자 중 가장 위협적인 상대다. 소련은 군사적 위협이긴 했지만(특히 핵무기를 확보한 후에는 더 그랬다) 경제적으로는 미국의 상대가 되지 못했다. 일본은 어떤 면에서 소련보다 더 위협적이었지만 제2차세계대전 이래 정치적·지정학적으로 미국에 극도로 종속됐다. 미국에 안보를 의존한 일본과 달리 중국 지배자들은 미국의 안보 동맹에 끼는 것을 조금도 원하지 않는다. 중국 지배자들은 미국을 태평양 밖으로 몰아내고 싶어 한다.

미국 패권이 심각한 도전을 받는다는 사실은 트럼프뿐 아니라 미국 지배계급 전체에 영향을 미친다. 해외로 진출한 미국 기업들은 대부분 관세를 좋아하지 않는다. 이유는 단순하다. 중국에서 오는 공급망에 의존하는 만큼 비용이 커지기 때문이다. 트럼프가 여러 중국산 수입품에 25퍼센트 관세를 매기면 그만큼 기업들의 비용이 늘어날 것이다. 그래서 이들은 관세를 싫어한다. 그러나 이들은 중국 국가의 전략을 걱정한다. 중국 국가의 핵심 전략은 "중국제조2025"다. 시진핑은 이 정책으로 중국 경제를 업그레이드하려 한다. 북반구의 다국적기업들을 위한 미숙련 제조업은 이제 그만두고 기술적으로 더 발전한 고급 산업을 발전시키겠다는 것이다. IT처럼 이미 확립된 부문만이 아니라 인공지능이나 내가 이해하기 힘든 온갖 새로운 분야에서 말이다.

이것은 미국 자본주의에 엄청난 위협이다. 어떤 면에서 제조업 쇠퇴는 미국 자본주의에 그렇게 큰 문제가 아니었다. 미국 기업들이 세계를 무대로 활동하기 때문이다. 그러나 지난 15~20년 사이에 미국에서 등장한 가장 크고 번창하고 수익성이 높은 기업들은 무엇이었나? 바로 FAANG, 즉 페이스북, 애플, 아마존, 넷플릭스, 구글이었다. 즉, 고수익 IT 부문 기업들이었다.

중국 기업들이 FAANG을 위협하는 경쟁자가 되는 것은 미국 자본주의에 매우 심각한 일이다. 그래서 트럼프는 중국 기업들이 '불공정' 행위를 하는 것처럼 대응한다. 중국 기업들이 기술을 향상시키고 미국 자본주의의 힘을 감소시키는 것은 무엇이든 그 자체로 '불공정'하다는 것이다. 트럼프는 이 문제에서 관세 문제보다 더 광범한 지지를 받는다.

그래서 트럼프는 거대한 중국 IT 기업 화웨이를 공격하는 것이다. 트럼프는 2016년 6월 29일 일본에서 시진핑을 만나 협상 재개를 거론하며 화웨이에 건 제재를 일부 완화하겠다고 했다. 미국 기업들이 화웨이와 거래하는 것은 이미 허용하기로 했다면서 말이다. 그러자 트럼프는 국내에서 비난을 받았다. 미국 지배계급의 다수는 '안 돼, 안 돼, 화웨이는 위협이고 계속 강경하게 대응해야 해' 하며 반발했다. 이는 화웨이가 미국 자본주의의 디지털 시스템에 너무 깊숙이 침투하면 '안보'를 위협할 수 있다는 우려 때문이기도 하다. 그러나 이는 기술을 둘러싼 더 큰 싸움을 위한 것이다.

세계화의 전성기인 1990년대와 그 직후를 돌이켜 보면 당시 마르크스주의자들은 무슨 일이 벌어지고 있는지 논쟁했다. 하트와 네그리 같은 사람들은 세계화에 대한 지배적 설명을 받아들였다. 《제국》에서 하트와 네그리는 제국주의와 국민국가는 끝났으며 자본주의는 국가 수준을 뛰어넘었고 이제 자본주의의 정치적 형태는 모든 국경을 뛰어넘은 초국적 제국이라는 형태로만 나타날 것이라고 주장했다.

나 같은 사람들은 '아니다, 제국주의는 여전히 존재한다'고 했다. 고전적 마르크스주의에서 제국주의란 근본적으로 선진 자본주의 국가 간의 경제적 경쟁과 지정학적 경쟁이 서로 얽히는 것이다. 선진 자본주의 국가들은 그 나라의 자본가계급을 대표한다. 그들은 시장과 투자 등을 위해 경제적으로 경쟁한다. 그러나 영토, 군사적 지배력 등을 위해서도 경쟁한다.

이제는 나뿐 아니라 이런 주장을 했던 많은 사람들이 전적으로 옳았음이 입증됐다고 생각한다. 하트와 네그리의 입장은 이제 설 자리가 없다. 미국과 중국 사이에서 고조되는 지정학적 갈등이 이를 보여 준다.

두 나라는 군사적으로 갈등한다. 중국은 민간 산업뿐 아니라 군사력도 발전하고 있다. 특히 중국은 항공모함을 침몰시키는 미사일을 엄청나게 개발하고 있다. 항공모함을 가장 많이 보유한 국가가 어디일까? 바로 미국이다. 그래서 영국 국방부 장관에서 경질된 다음 극우 보수당 정치인 보리스 존슨의 당 대표 선거운동을 하는 개빈 윌리엄슨이 어리석었던 것이다. 윌리엄슨은 중국 연안에 새 항공모함을 여러 척 보내 영국이 어디로든 [군사력을 투사하러] 갈 수 있음을 보여 주자고 했다. 그 제안이 승인됐다면 영국 항공모함을 불구덩이에 던지는 꼴이었을 것이다.

미국과 중국이 고전적인 지정학적 갈등을 벌이긴 하지만 아직은 그것이 주된 전장은 아니다. 현재 주된 전장은 "지리경제학적" 갈등, 즉 무역 갈등이고 아까 언급했듯이 특히 기술을 둘러싼 갈등이다. 그러나 이것은 미국이 장기적으로 패권을 유지하는 데에 심대한 구조적 모순이 존재함을 보여 준다.

세계화의 전망

그러면 오늘의 주제로 잡힌 질문에 답해 보겠다. 세계화는 끝났는가? 짧게 답하면 "아니요"다. 실제로 자본주의는 이미 한 세기도 더 전에 국경을 넘어섰다. 그리고 생산과 금융 수준에서 자본들이 맺은 초국적 상호의존관계는 막대한 피해를 일으키지 않고는 되돌리기 어려울 정도로 깊다. 사실 첫 번째 세계화, 즉 19세기부터 20세기 초 사이 영국 패권 아래에서 진행된 세계화가 후퇴했을 때도 경제적으로 막대한 비용과 손실이 초래됐다. 오늘날 그 피해는 훨씬 막대할 것이다.

그렇지만 지역 블록이 더 공고해질 가능성은 크다고 본다. 미국을 중심으로 한 블록, 중국을 중심으로 한 블록이 나타날 것이다. 유럽연합 국가들이 손발을 맞춘다면(그것이 가능한지는 언제나 흥미로운 물음이다) 유럽연합을 중심으로 한 블록도 나타날 수 있을 것이다.

가장 똑똑한 〈파이낸셜 타임스〉 기자 중 하나인 존 플렌더는 몇 주 전 기사에서, 지역 블록이 형성되면 가장 취약해지는 곳은 이른바 신흥국들일 것이라고 썼다. 인도, 남아프리카공화국 등 남반구의 경제 대국들이 그런 사례일 것이다. 이 나라들은 어느 블록에 속할지가 뚜렷하지 않다. 흥미롭게도 두 신흥국인 아르헨티나와 터키는 최근 경제적으로 심각한 곤경에 빠졌다.

이것은 영국에게 당혹스러운 전망일 수 있다. 영국은 별다른 일이 생기지 않는 한 유럽연합을 떠날 것이고 따라서 유럽연합 블록에 속하지 않을 것이기 때문이다. 보리스 존슨의 전략은 분명 영국 자본주의가 미국과 긴밀해지도록 하는 것이지만, 나는 온갖 이유로 전망이 매우 불투명하다고 생각한다. 어쩌면 영국은 꽤나 발전한 나라로 20세기를 시작했다가 줄곧 쇠락한 아르헨티나와 같은 길을 갈지도 모른다.

어쨌든 세계 자본주의의 지역화가 심해진다는 것은 꽤 설득력 있는 전망이다.

좌파는 이에 어떻게 대응해야 할까? 지금 벌어지고 있는 일의 이데올로기적 표현인 애국주의의 성장에 굴복하면 좌파는 살아남을 수 없다. 브렉시트 문제에서 가장 중요한 것은 국민투표에서 [탈퇴와 잔류 가운데] 어디를 찍었는지가 아니라 서슬 퍼렇게 인종차별적이고 최근 힘을 얻고 있는 영국 애국주의와 선을 긋는 것이다. 그렇다고 해서 (어떤 유보 조항을 달더라도) 신자유주의적 세계화를 옹호함으로써 애국주의의 성장에 대처할 수는 없다.

신자유주의적 세계화의 진정한 모습은 최근 유럽연합 내 인사 개편을 보면 알 수 있다. 저들은 최고 직위를 누가 차지할 것인지를 놓고 막 합의했는데, 늘상 유럽연합을 지배해 온 기존 신자유주의 패거리가 영국이 맡던 자리를 나눠 가졌고, 프랑스가 독일보다 약간 득을 봤다. 물론 결국 유럽연합 집행위원장은 독일의 몫이 될 것이지만 말이다. 유럽연합에서 가장 강력한 직책은 유럽중앙은행 총재다. 국제금융 시스템에서 유로화가 중요하기 때문이다. 그리고 프랑스 정치인 크리스틴 라가르드가 그 자리를 차지했다. 페미니즘을 가장한 헛소리로 치장한 신자유주의적 세계화의 맨얼굴을 보고 싶다면 라가르드를 보면 된다. 라가르드가 바로 그 얼굴이다. 라가르드는 처음에 재무부 장관을 지냈고 유로존 위기 때에는 IMF 총재를 지냈다. 그리스 같은 나라를 박살 낸 삼두마차, 즉 유럽연합·IMF·유럽중앙은행 중 두 곳에 몸담았던 인물이다. 이제 라가르드는 세 번째 마차를 탈 것이다.

이것이 위기에 대한 유럽연합의 대응이다. 유럽연합은 이 얼굴을 온 세상에 드러내고 싶어 한다. [애국주의에 반대한다고 해서] 이들과 엮일 순 없다.

그래서 우리는 세계화의 위기에 맞서 사회주의적 국제주의를 부활시키기 위해 싸워야 한다. 사회주의적 국제주의는 자본주의적 국제주의와 다른 것이다. 얼핏 보기에 애국주의와 국가 간 장벽을 거부하는 이 가짜 사해동포주의는 신자유주의적 세계화 이데올로기의 일부일 뿐이다. 우리는 그런 이데올로기를 거부하면서도, 위기의 후유증을 배경으로 성장해 이를 위협하고 있는 애국주의 또한 거부해야 한다. 억압받고 착취받는 세상 모든 자들의 국제주의를 부활시켜야 한다.

그래서 이주민과 난민을 방어하는 문제가 매우 중요한 것이다. 어제 '마르크시즘 2019' 개막식 연단에는 [지중해에서 수많은] 이민자를 구조했다는 이유로 기소된 스페인 소방관이 올라왔다. 그는 오늘날 국제주의가 어때야 하는지 보여 주는 살아 있는 상징이다. 이런 종류의 국제주의는 피억압자·피착취자들이 국경을 넘어서서 단결할 가능성을 열 것이고, 특히 북반구와 남반구의 분단을 깰 것이다. 이 분단은 여전히 세계적으로 가장 중요한 지리적 분단이며 여러 면에서 계급의 분단을 반영한다. 사회주의적이고 국제주의적인 혁명은 세계화가 지속해 온 부국과 빈국의 분단을 일소해야 할 것이다.

토론 정리 발언

미국과 중국에 관한 질문이 몇 가지 있었다.

우선 미·중 갈등이 트럼프의 당선과 함께 시작됐나? 전혀 그렇지 않다. 오바마는 [아시아로의] '중심축 이동'이라는 정책을 추진했는데, 이것은 군사력의 60퍼센트를 태평양으로 이전해서 중국의 도전에 대응하는 것이었다. 오바마는 환태평양경제동반자협정TPP이라는 아시아·태평양 무역협정을 추진해서 중국을 고립시키고 견제하려 했다. 중국은 그 협정에서 제외됐다. 중국 없는 "환태평양 동반자 관계"가 가능한 것인지는 모르겠지만, 어쨌든 오바마는 TPP가 체결되면 미국이 규칙을 만들고 중국은 거기에 따라야 할 것이라는 말을 거리낌 없이 했다. 트럼프는 이 협정을 날려 버렸는데 내 생각에 이는 어리석은 짓이었다. 아무튼 오바마는 중국이 미국 패권에 제기하는 위협에 이미 집중하고 있었다.

또 다른 질문은 미국이 중동에 매인 채 중국에 집중할 수 있느냐는 것이었다. 그렇지 않다. 중동에 신경을 쏟을수록 중국에 집중하기는 훨씬 어렵다. 그것이 중동에서 '중심축을 이동'하는 핵심 이유다. 사실 이 점에서 오바마와 트럼프는 별반 다르지 않다. 둘 다 중동에서 전쟁할 열의는 없다. 둘 모두 미국이 중동이라는 수렁에 빠지는 것을 원치 않는다. 몇 주 전 트럼프가 네오콘 고문들을 무시하고 이란과의 대결을 더 밀어붙이지 않은 것을 보라. 여기에는 시리아에 깊숙이 개입하기를 거부한 오바마와 닮은 구석이 있다. 그러나 동시에, 그들은 어쩔 수 없이 중동에 남아야 한다. 중동에 걸린 미국 제국주의의 이해관계가 너무 크기 때문에 어느 정도 사태에 휘말리는 것은 피할 수 없다. 두 정권이 시리아에 개입한 것이 그런 사례다.

이것은 미국이 세계적 제국주의 강대국이기 때문에 겪는 문제다. 영국도 20세기 전반에 그런 문제를 겪었다. 모든 곳에서 우두머리라면 모든 곳에 개입해야 하고 그러면 진정한 위협에 집중하기 어려워진다. 그러니 어쩌겠는가? "어이쿠, 어렵구먼!" 이렇게 되는 것이다.

그럼 세계화에 대한 더 큰 질문에 답해 보겠다. 운송이 가치를 더하는 것은 맞다. 한 발언자가 말했듯이 마르크스가《자본론》2권에서 이를 지적한다. 그러나 자본가들은 자신이 생산하는 상품 한 단위가 표현하는 가치를 줄이는 데에 이해관계가 있다. 쉽게 말해 저렴한 상품은 더 적은 가치를 표현하고 경쟁에 유리하다. 온갖 공급 사슬과 적시 생산 체계에 관해 말하자면, 한 발언자가 재규어랜드로버의 변화와 생산공정 단계에 따라 차들이 여러 번 해협을 왔다 갔다 한다는 흥미로운 얘기를 해 줬는데, 이 모든 것은 차 한 대당 비용, 즉 가치를 최소화하기 위한 것이다.

이는 노동가치론의 중요성을 보여 준다. 마르크스주의 경제학자들이 노동가치론에 대해 열을 올리며 논하는 것은 결코 이상한 집착 때문이 아니다. 노동가치론을 받아들이는 것은 근본적으로 자본주의의 작동과 수익성이 노동자에게 의존한다고 보는 것이다. 다시 말해 체제는 노동자를 착취하지만, 노동자를 착취하기 때문에 노동자에게 의존한다. 조셉 추나라 동지가 비버리 실버의 책 《노동의 힘》을 언급했는데, 이 책은 훌륭한 책이다. 장기적인 역사적 안목도 훌륭하지만 오늘날 자본주의의 재편이 노동자들을 더 강력하게 하면서 자본주의는 더 취약하게 만든다는 점을 보여 주기 때문이다.

따라서 신자유주의적 세계화가 노동자의 힘을 약하게 했다는 주장은 너무 단순하다. 국제적 구조조정으로 인해 전략적으로 중요한 곳에 배치된 노동자들은 힘이 커질 수도 있다. 그리고 문제는 주관적 요소일 때가 많다. 특히 노동조합 지도자들이 이런 이점을 활용하기보다는 노동자의 이익과 노동자를 착취하는 기업의 이익을 동일시하는 것이 문제다.

그러나 다행히도 이에 저항하는 노동자들이 있다. 물류 노동자들의 사례가 토론에서 나왔다. 이탈리아 물류 노동자들도 놀라운 일을 벌였다. 이들은 지중해에 있다는 점 때문에 공급 사슬에서 중요한 구실을 한다. 많은 수가 사하라 이남이나 북부 아프리카 출신 이주 노동자인 이들은 때때로 자기 나라의 혁명적 정치 전통에 영향을 받으며, 조직하고, 파업하고, 공급 사슬을 멈추고, 고용주에게서 양보를 받아 내는 등 성과를 냈다.

중국 지배계급이 기술 향상을 꾀하는 한 가지 이유는 중국 노동자들이 점차 비싸지고 있기 때문이다. 최근 몇 년간 중국 노동자들은 자신들의 힘을 발휘했다. 파업이 벌어졌고 폭스콘 공장 노동자들의 저항 같은 일들이 일어났다. 그 결과 중국 제조업 노동자의 실질임금은 이제 그리스 같은 나라의 수준에 근접했다. 이것은 그리스 노동자들이 내핍을 강요받았기 때문이기도 하지만 중국 노동자들의 협상력이 커졌기 때문이기도 하다.

따라서 세계화는 그저 노동자들이 짓밟히고 패배하는 과정이 아니다. 한 발언자가 묘사한 변화들 때문에 기존 조직 형태가 위기에 처하기도 했다. 그러나 앞에서 말한 자본의 국제적 통합에 직면해 노동계급이 꼭 내리막길만 걷는 것은 아니다. 그렇지 않은 이유를 내가 계속해서 얘기했다.

다음번에 위기가 벌어지면 무슨 일이 생길지를 묻는 질문이 있었다. 적절한 질문이다. 세계경제가 둔화하고 있다는 증거가 계속 쌓이고 있기 때문이다. 이는 수치로도 나타나고, 금리 하락이나 어마어마하게 치솟는 채권 가격으로도 나타난다(이는 시장이 경기 둔화로 금리가 더 떨어질 것으로 내다보고 있음을 뜻한다).

그러나 자본주의는 값싼 자금, 양적 완화라는 마약에 너무 의존하고 있다. 그래서 중앙은행이나 라가르드 같은 자들이 중요해지는 것이다. 그런 자에게 막강한 권력을 쥐어 줘야 한다니 안타까운 일이다. 자본주의는 중앙은행이 수행하는 일종의 금융 시스템상의 조작에 필사적으로 의존하고 있다. 체제가 점점 취약해지고 있는 것이다. 그래서 세계 경기가 또 후퇴하면 그 수혜자는 누구일까 하는 문제가 제기된다.

더군다나 신자유주의 엘리트는 더 심각한 위기에 빠질 것이다. 평범한 사람들을 더 쥐어짜는 데 성공한다 해도 정치적 대가를 치를 것이기 때문이다. 그러면 정치적 수혜자는 누구일까? 계속해서 극우가 수혜를 볼까? 아니면 진정한 사회주의적 좌파가 신자유주의도 극우도 아닌 대안을 제시할 수 있을까? 사실 극우에게는 신자유주의의 대안이라 할 만한 경제정책이 없다. 유럽의 극우, 예컨대 유럽에서 가장 위세를 떨치고 있는 이탈리아 극우는 유럽연합 집행위원회에 맞서 긴축을 거부하자고 떠들어 댄다. 그러나 실천에서 그들은 굴복했다.

그렇다면 대안을 제시할 사회주의 좌파가 부상할 수 있을까? 궁극적으로 이런 물음은 결코 공평무사한 태도로 답할 수 있는 학문적 물음이 아니다. 핵심적으로 그 대답의 일부는 우리의 실천에 달려 있다. 위대한 아일랜드 혁명가 제임스 코널리는 다음과 같이 말했다. "최고의 예언자는 바로 자신이 예언한 미래를 이룩하기 위해 실천하는 사람들이다." 우리를 두고 하는 말이다.

3장

브렉시트, 영국 총선, 노동당 좌파

원문: Alex Callinicos, "The wages of Brexit", *International Socialism* 165(Winter 2019).

20년 전 시애틀 항쟁은 반자본주의 투쟁의 새로운 주기를 열었다. 존 홀러웨이의 유명한 구호, "권력을 잡지 않고 세상을 바꾸자"로 대표되는 자율주의 정치가 영향력이 있었음에도 우세한 흐름은 국가를 이용해 사회·경제적 개혁을 추구하는 것이었다.[1] 그 뒤 이런 개혁주의 물결은 다양한 형태로 나타났다. 스페인의 개혁주의 정당 포데모스는 처음에 온라인으로 조직됐고 라틴아메리카의 온갖 운동과 에르네스토 라클라우와 샹탈 무프의 포퓰리즘 사상의 영향을 받았다. 반면에 영국에서 제러미 코빈과 존 맥도널이 이끈 노동당은 훨씬 전통적인 좌파적 개혁주의였다. 그러나 이런 조직들은 모두 신자유주의에서 벗어나는 수단으로 선거를 지향한다는 공통점이 있다.

변화를 거부하는 완고한 자본가 권력의 중심부가 개혁주의를 혹독한 시험대에 올린 극적인 사례가 지난 두어 달 동안 두 번 있었다. [2019년 11월] 볼리비아의 에보 모랄레스가 군부의 개입 때문에 퇴진했다. 에보 모랄레스는 볼리비아 현대사 최초의 원주민 출신 대통령이자 그 나라 역사상 단연코 가장 큰 선거적 성공을 거둔 정치인이었다. 군부 쿠데타는 도시 중간계급이 원주민의 사회적 부상에 두려움을 느껴 벌인 극렬 인종차별주의 집회에 화답하는 것이었다. 그리고 볼리비아의 전통적 권력층과 미국, 미주기구OAS에* 있는 그 동맹들의 지원을 받았다.[2]

한편 [12월] 영국에서는 노동당 역사상 가장 좌파적인 지도부가 총선 결과 궁지에 몰렸다. 보수당은 1987년 마거릿 대처의 마지막 승리 이래 최대 의석을 확보했다. 이번 선거 결과에서 가장 충격적인 일은 전통적으로 노동당이 강세이던 선거구("붉은 벽"이라 불리는 잉글랜드 북부 일대)를 현 보수당 총리 보리스 존슨에게 뺏긴 것이다. 코빈이 노동당을 [좌파적으로] 이끄는데 고무됐던 사람들에게는 하늘이 무너지는 듯한 일이다. 게다가 매우 우파적인 보수당 정부가 영국의 운명을 좌우하게 됐다. 우리는 이런 상황을 돌파하기 위해 분투해야 한다.

볼리비아 쿠데타에 대해서는 조셉 추나라가 국제적 반란의 새 물결을 분석한 글에서 다룬다.** 그러면 2019년 12월 12일

---

* **미주기구** 냉전 시절 미국이 라틴아메리카에 대한 패권을 유지하려고 만든 외교 테이블.

** Joseph Choonara, "A new cycle of revolt", *International Socialism* 165(Winter 2019). 국역: "세계적 투쟁의 새 물결", 〈노동자 연대〉 310호(2019년 12월 25일).

영국 총선에 관해서는 뭐라 말할 수 있을까? 선거운동, 특히 보수당의 선거운동이 지저분했다는 말은 많다. 자유분방하고 별난 우파 언론인 피터 오본은, 우파 신문 〈데일리 메일〉부터 공영방송 BBC에 이르는 언론들의 "받아쓰기 저널리즘"을 비난하며 이렇게 썼다. "언론들은 [보수당] 총리가 바라는 시각으로 소식을 보도했다. 일부는 야당 세력[노동당]을 흠집 내는 도구가 기꺼이 돼 줬다."[3] 보수당과 영연방병합당이 평소에 보이는 부정직함에 비춰 봐도 언론의 행태는 그야말로 메스꺼운 선거운동이었다. 특히, '유대인 혐오'라는 마녀사냥이 코빈을 겨냥한 무기였다(여기에는 노동당 우파의 책임이 크지만 말이다).

그러나 '가짜 뉴스'는 어제오늘 일이 아니다. '지노비예프 편지' 조작 사건을 떠올려 보라. 1924년 10월 〈데일리 메일〉은 코민테른(공산주의 인터내셔널) 의장 지노비예프가 영국 공산당에게 군대 내에서 반란을 일으키라고 명령하는 편지를 입수했다고 대서특필했다. 이 편지는 영국 비밀정보국SIS 정사正史도 인정하듯이 날조된 것으로, 비밀정보국 리가[라트비아의 수도] 지부의 작품이었고, 십중팔구 영국 국내정보국 MI5를 통해 언론에 유출됐다. 이 편지는 당시 램지 맥도널드의 노동당 정부(의석을 절반 이상 확보하지 못한 소수 정부)가 1924년 10월 29일 총선에서 패하는 데에 일조했다.[4]

정말이지 이번 선거운동을 보면, 사태를 규정하는 계급적 이해관계의 위력이 얼마나 대단한지가 여러모로 확인됐다. [지난 수년간] 영국 국가가 브렉시트 위기 때문에 거의 마비되면서, 안토니오 그람시가 말한 "정치사회"가 평상시 자본의 이해관계에 맞게 돌아가게 하는 연결 고리가 삐걱거렸다. 런던 금융가, 더 넓게 보면 기업들은 유럽연합 잔류를 선호하고 '하드 브렉시트'를* 매우 격렬히 반대한 탓에 과거 100년 동안 대기업의 정당이던 보수당과 사이가 매우 틀어졌던 것이다.[5] 그러나 이번 선거에서 보수당과 자본의 연계는 다시 돈독해지기 시작했다.

보리스 존슨의 국수주의 도박

이번 선거의 핵심 쟁점은 브렉시트였다. 그래서 "브렉시트 선거"로 불렸다. 보리스 존슨은 총리가 되자마자 사면초가 신세였다. 노동당, 브렉시트 반대파 정당들, 보수당 내 소수의 브렉시트 반대파 의원들이 존슨에 대항하는 연합을 이뤄 의회를 장악하고 있었다. [2019년 9월 초] 이들은 하원에서 이른바 '벤 법안'을 통과시켜서, 당시 [유럽연합이 정한] 최종 시한인 10월 31일에 탈퇴 조건 합의 없이 유럽연합을 탈퇴하는 것(노 딜 브렉시

* 하드 브렉시트 영국이 브렉시트 이후 유럽단일시장과 관세동맹 등에서도 완전히 탈퇴하는 방안.

트)을 불법으로 만들어 버렸다. [그리고 탈퇴 조건에 합의하지 못하면 2020년 1월 31일로 시한 연장하는 것을 유럽연합에 요청하도록 했다.] 존슨이 자신에 맞서는 이런 의회를 5주간 정회하려 하자 [9월 24일] 대법원은 위헌판결을 내려서 이 시도를 좌절시켰다.

존슨은 이 족쇄를 풀어 버릴 방책으로 10월 17일 유럽연합과 새 브렉시트 합의안을 타결한다. 이 합의안은 전 총리 테리사 메이가 1년 전 유럽연합과 고생스럽게 협상해서 타결한 합의안과 두 가지 점에서 결정적으로 달랐[고 그래서 의회 통과 가능성이 더 높았]다. 첫째, 악명 높은 "안전장치"* 문제를 해결하기 위해 존슨은 "안전장치" 조항을 가장 극렬하게 반대한 꼴통 친영파 정당 영연방병합당을 저버렸다. 존슨은 북아일랜드만 관세동맹에** 잔류시키는 유럽연합 측의 최초 안을 수용했다. 영국 전체를 관세동맹에 잔류시키고 싶어 했던 메이는 이 안을 거부했었다. 북아일랜드만 관세동맹에 잔류하면 북아일랜드가 나머

---

* 안전장치(아일랜드 백스톱) 영국이 유럽연합을 탈퇴한 후 양측이 영국령인 북아일랜드와 유럽연합 회원국인 아일랜드 사이에 새로운 국경이 들어서지 않게 할 방안을 일정 기간 내에 합의하지 못하면, 영국과 북아일랜드가 모두 유럽연합 관세동맹에 남는다는 조항. 아일랜드 내에 새로운 국경이 들어서는 것을 막기 위해 고안한 조항이다.

** 관세동맹 회원국 간에는 관세를 철폐하고, 비회원국에게는 공동의 관세를 부과하는 경제통합 형태. 다시 말해, 비회원국 상품이 회원국 한 곳에서 관세를 물면 동맹 내에서는 관세 없이 자유롭게 오갈 수 있다.

지 영국과는 다른 특수한 지위에 놓일 것이기 때문이다. [이것은 영연방병합당이 극도로 싫어하는 결과이기도 하다.]

메이는 2017년 총선에서 보수당이 과반 의석을 확보하지 못한 바람에 [정부 운영에 필요한] 법안을 의회에서 통과시키려면 영연방병합당의 도움이 필요했다. 그러나 존슨은 의회에 기대하는 바가 메이보다 훨씬 적었는데, 오직 브렉시트 합의안, 이 하나의 안건만 통과시키면 됐기 때문이다. 일단 합의안만 통과되면 어차피 의회를 해산하고 총선을 치를 요량이었다. 존슨이 보수당 의원들(벤 법안에 찬성했다는 이유로 존슨이 당에서 출당시킨 의원들을 포함)과 브렉시트를 지지하는 소수 노동당 의원들을 긁어모아 브렉시트 합의안을 제2독회에서* 간신히 통과시킨 데서 보듯 그 점에서는 영연방병합당이 필요하지 않았다. (이전까지만 해도 영연방병합당과 굳게 손잡았던) 보수당 우파는 이번에는 영연방병합당을 저버리는 것을 묵인했다. 마치 '닉슨의 중국 방문' 같은 일이었다. 즉, 보수당 우파는 남이 하면 비난했을 일을 자기네 사람이 하자 용인해 버렸다.

---

* **제2독회** 영국 의회의 법안 심의 제도인 3독회제의 둘째 단계. 제1독회에서는 법안 상정 여부를 결정하고, 제2독회에서는 법안을 축조심의하고, 제3독회에서는 법안 통과 여부를 결정한다. 제3독회에서 내용 수정이 불가능하고 자구를 다듬는 것만 가능하기 때문에 제2독회가 사실상 마지막 심의 단계다.

메이 합의안과 존슨 합의안의 둘째 차이점을 보면, 보수당 우파가 왜 이 배신을 묵인했는지 이해할 수 있다. 메이 합의안은 브렉시트 후에도 무역 규제에서 "공정 경쟁의 장"을 유지하라는 유럽연합 측 요구를 수용했다. 즉, 노동조건·환경 규제를 유럽연합과 같은 수준으로 유지해서, 유럽 대륙의 경쟁 기업에 대한 영국 기업의 원가 경쟁력을 키우지 못하게 한 것이다. 보수당 우파가 메이 안을 반대한 것은 영국이 계속 유럽연합에 종속되는 것으로 보이기 때문이었다. 유럽연합 바깥 나라와 마음대로 무역협정을 맺는다는 오랜 숙원을 이루는 것이 보수당 우파가 브렉시트를 추구한 핵심 이유이기도 했다. 그래서 존슨은 유럽연합과 벌인 탈퇴 협상 초반부터 "공정 경쟁" 요구를 기각하려 했다. 유럽연합은 영국이 "템스강의 싱가포르"가 돼 유럽연합의 규제 제도를 약화시키는 것을 용납할 수 없다며 반발했다. 결국 양측이 합의한 문구에는 이런 우려가 반영됐지만, 영국이 재량을 발휘할 여지는 이전 합의안보다 늘어났다.

이런 성공 덕에 존슨은 의회의 수렁에서 벗어날 수 있었다(유럽연합이 메이 합의안을 놓고 재협상을 거부하던 기존 태도를 뒤집고 최선을 다해 존슨을 도운 덕분이기도 하다는 점을 강조하겠다). 야당들은 '노 딜 브렉시트' 위험이 사라지기 전에는 총선을 치를 수 없다며 존슨이 바라는 조기 총선을 거부해 왔다. 존슨은 결국 '벤 법안'에 굴복하며 마지못해 탈퇴 시한 연장을 유럽연합에 요청했고, 유럽연합은 이를 승인했다. [그리고 의회는 조기 총선 실시에 동의했다.] (갖가지 음모론이 있지만, 존슨의 행동을 보면, 노 딜 브렉시트도 불사한다는 말과 달리 노 딜 브렉시트가 초래할 혼란을 줄이는 것이 그의 우선순위임을 알 수 있다.)

존슨의 구호 "브렉시트 완수"가 보수당 선거운동을 지배했다. 총리 취임 이래 존슨은 브렉시트 지지표를 결집시켜 총선에서 승리하려 해 왔다. 존슨은 5월 유럽의회 선거에서 승리한 브렉시트당을 압박하는 데 성공했다. 브렉시트당 대표 나이절 패라지는 지지자들의 압박에 굴복해 보수당 우세 지역구에 후보를 출마시키지 않았다. 노동당 우세 지역구에서도 브렉시트에 대한 노동당의 모호한 태도 때문에 노동당에 등을 돌린 브렉시트 지지 노동계급 표를 가져간 것은 주로 보수당이었다.

〈파이낸셜 타임스〉는 이 전략에 수반된 보수당 기반의 변화에 대해 이렇게 논평했다.

> 형편이 좋지 않은 수많은 유권자들이 보수당에 투표하는 것은 유럽연합뿐 아니라 대거 몰려오는 이민자, 정치적 올바름, 진보적인 사회적 가치에 반감이 있기 때문이다.
>
> 그러나 이 유권자들은 충분한 재원을 갖춘 대규모 공공서비스를 선호한다. 이들은 국가가 자신들을 혹독한 자유 시장으로부터 보

호해 주기를 바란다. 한마디로 이들이 바라는 것은 브렉시트 지지 우파 이데올로그들이 선호하는 순수한 경제적 자유지상주의와는 까마득히 멀다.

존슨 정부는 유럽연합 모델과 근본적으로 단절하겠다는 자신의 제안과 보호받고 싶어 하는 새 유권자들의 욕구를 조화시키느라 진땀을 뺄 것이다. … 브렉시트의 마력은 런던 등 번화한 도시나 스코틀랜드처럼 유럽연합에 우호적인 지역에 살 가능성이 적은 상대적 고령·저학력·블루칼라 표심을 보수당 쪽으로 끌어당겼다.

그러면서 보수당은 유럽 대륙 우파 포퓰리스트 정당들의 전형적 특징들을 띠게 됐다.[6]

그러나 이런 변화가 당 지도부 수준에서도 벌어졌다는 관측은 과장이다. [물론] 존슨은 "일국 보수주의자"를 자처했다. '일국 보수주의'는 전통적으로 보수당 내에서 대처 시절 신자유주의 도입에 반대했던 파벌, 즉 복지국가와 일정한 국가 개입을 지지한 "중도파"를 가리키는 말로 통용돼 왔다. [이런 전통을 실제로 대변한 보수당 원로들이고 이번에 존슨의 브렉시트 방침에 반기를 든] 케네스 클라크는 [2019년 9월] 보수당에서 쫓겨났고 마이클 헤슬타인은 선거에서 자유민주당을 지지하면서 이 조류는 정치적으로 거의 사라진 상태다.

그러나 존슨의 선거공약은 일국 보수주의 경향을 따른다고 보기 어려웠다. 그보다는 [신자유주의 반대로 보이지 않으려고] 상당히 조심한 흔적이 역력했다. 존슨은 자유 시장 지지자들이 좋아할 대규모 감세를 주장하지 않았지만, 노동계급 표심을 겨냥한 "국민 보수" 제스처(메이 정부 초기에 메이와 그의 보좌관 닉 티머시가 잠깐 취했던 바 있다)도 피했다. 물론 이후 존슨은 브렉시트 후 산업 보조금 규제를 완화하고 공적 자금을 투입해 [자금난에 처한] "영국 기업을 지원"하겠다고 약속하며 "일국 보수주의" 방향으로 한발 나아가긴 했다.[7]

보수당 공약의 신중함은 재무부 장관 사지드 자비드가 비교적 전통적인 재정 정책을 지켜 내는 데 성공한 결과이기도 하다. 자비드는 노동당의 도전을 물리치기 위해 전임자 필립 해먼드의 재정 준칙을 완화해 한해 220억 파운드[약 33조 원]를 공공투자에 더 쓸 수 있게 했지만 동시에 3년 안에는 균형재정을 맞추도록 했다. 이 때문에 "사회복지나 과감한 감세 등을 위해 정부 지출을 더 늘릴 여지가 거의 남지 않았[고 존슨이 약속할 수 있는 것도 제한됐]다"고 〈파이낸셜 타임스〉는 지적한다. 이런 조처는 존슨의 수석 보좌관 도미닉 커밍스의 분노를 자아낸 듯하다(커밍스는 총리 관저에 똬리를 튼 포퓰리스트 책략가로 널리 묘사되는 자다).[8] 일국 보수주의와 엇박자인 이런 경제정책 때문에 브렉시트에 대한 존슨의 진의에 많은 이들이 의구심을

표했다. 그러나 존슨은 대법원이 불리한 판결을 내리고 의원 다수의 반대에 직면한 자신의 상황을 이용해서, 기득권에 맞서는 인물 행세를 하며 의구심을 뭉갤 수 있었다. 이는 존슨이 12월 12일 총선에서 잉글랜드 북부의 브렉시트 지지 표심을 노동당에게서 빼앗아 오는 데 도움이 됐다.

자본이 노동당에 맞서 결집하다

보수당이 선거운동에서 브렉시트를 중심에 놓자 유럽연합 잔류파 내에서 '코빈 차악론'이 떠올라 논쟁이 됐다. 노동당이 브렉시트를 2차 국민투표에 부치겠다고 약속했기 때문이다. 일례로 한때 브렉시트를 지지했던 [우파 언론인] 피터 오본은 브렉시트 지지를 철회하고 코빈을 지지했다. 코빈이 당선하면 영국이 하드 브렉시트로 입을 피해를 모면할 수 있고, 노동당 정부는 의회에서 다수표를 확보하려고 다른 정당에 의존할 공산이 크므로 지나치게 급진적인 방향을 추구하는 데에 한계가 있을 것이라는 이유에서였다.[9]

오본이 이런 주장을 편 때는 존슨이 유럽연합과 탈퇴 협상안을 타결하고 탈퇴 시한을 연장하기 전이었다. 그러나 그 후에도 코빈 차악론은 무너지지 않았다. 싱크탱크 '변화하는 유럽 속의 영국'은 노동당이 제시한 소프트 브렉시트(탈퇴 후에도 영국이 유럽단일시장과 "긴밀하게 협조"하는 방안)가 국민소득에 미칠 일시적 효과가 GDP 대비 -0.2~+0.7퍼센트일 것이라고 예측했다. 이 수치는 유럽연합에 잔류했을 때(+1.2퍼센트)와 그렇게까지 크게 차이가 나지 않고, 무엇보다 보수당이 제시한 대로 탈퇴 후 자유무역협정을 체결하거나(-1.1~-2.6퍼센트), 노딜 브렉시트를 했을 때(-3.2~-4.4퍼센트)보다 훨씬 낫다.[10]

그런 만큼, 유럽연합 잔류를 단호하게 주장해 온 자유민주당의 입지가 더 줄어들었고(실제로 당 대표인 조 스윈슨은 총선에서 낙선했다), 그에 따라 노동당에 투표하는 것이야말로 브렉시트를 막거나 브렉시트의 피해를 줄일 대안처럼 비칠 법했다.

그러나 흥미롭게도, 가장 노련한 잔류파 언론들은 그런 결론을 도출하지 않았다. [대표적 친기업 언론] 〈이코노미스트〉는 노동당 차악론을 직접적으로 공격했다. "노동당이 집권하면 그 정부는 심지어 소수 정부일지라도 영국 경제를 1980년대 마거릿 대처 이래 유례없는 수준으로 근본적으로 뒤엎을 것이다."[11] 〈이코노미스트〉는 사실 제2차세계대전 이후 케인스주의가 유행한 시기에도 자유 시장 경제를 두둔했을 만큼 자유 시장 경제의 옹호자로 악명이 높다.

반면 〈파이낸셜 타임스〉는 훨씬 섬세한 태도를 취해 왔다. 수석 논평가인 마틴 울프는 2007~2008년 경제 위기 이후 줄곧 주류 경제정책에 꽤 비판적이었다. 그러나 마틴 울프도 결국 노동당의 경제정책에 대항해 대처의 그림자를 끄집어냈다. 노동당이 고속 인터넷을 전 가구에 무상으로 제공하고 [영국 통신회사] BT의 자회사 오픈리치를 국유화하겠다고 공약하자(BT 경영진은 이를 "광대역통신망 공산주의"라고 비난했다) 〈파이낸셜 타임스〉는 광분했다. "대처 혁명이 위험에 처했다"고 울부짖었다.[12] 울프는 노동당의 총선 공약과 이를 지지한 경제학자 163명을 비난했다. "실업률이 낮고 경상수지 적자가 GDP의 3.5퍼센트에 달하는 경제 상황에서 노동당의 팽창적이고 혁명적인 공약은 자본 도피와 환율 붕괴를 초래할 공산이 크다."[13]

노동당의 총선 공약은 10년 동안 4000억 파운드[약 611조 원]를 "녹색 산업혁명"에 투자해 최소 100만 개 일자리를 마련하고 2030년대 안으로 탄소 배출 없는 경제를 달성하는 것을 핵심으로 한다. 이 공약에 지지자들은 열광했다. 노동당의 공약은 실제로 지난 40년을 지배한 신자유주의와 뚜렷하게 단절하겠다는 것이었다. 그러나 그 공약이 "혁명적"인가? 영국의 국민소득 대비 정부 지출은 2019년 3월에 37.8퍼센트였고 노동당 계획대로라면 2023~2024년에 44퍼센트로 증가할 터였다. 〈파이낸셜 타임스〉조차 다음과 같이 시인한다. "코빈이 이끄는 노동당이 집권해도 정부 지출 수준은 프랑스보다 낮고 독일과 같으며 네덜란드보다 조금 높을 것이다. 세 나라 모두 성공적인 자본주의 경제다."[14]

노동당 예비내각 재무부 장관인 맥도널이 공개한 투자 계획은 대부분 차입을 늘려서 자금을 댄다. 이런 정책에 대한 고전적 반론은 "구축효과驅逐效果" 때문에 [즉, 정부가 국채를 많이 발행해 돈을 쓸어 가는 바람에] 민간으로 흘러갈 자금이 줄어 금리가 오른다는 것이다. 그러나 세계경제가 추락하고 10년 내내 침체에 빠진 상황에서 이런 반론은 힘이 없다.[15] 심지어 주류 경제학자들도 선진국들이 "장기 침체"에 빠져 있고 "완전고용에 상응하는 저축과 투자 수준을 달성하려면 마이너스 실질금리가 필요"하다는 이론을 검토하고 있다.[16] 중앙은행들은 금융 시스템에서 생명 유지 장치를 떼어 낼 수 없었다. 금리 "정상화"(경제 위기 이전 수준으로 인상) 시도는 실패했고, 물가 상승률은 대체로 목표치에 못 미쳤으며, 어떤 중앙은행들(최근에는 유럽중앙은행과 일본은행)은 "양적 완화", 즉 채권 매입으로 은행에 돈을 공급해 (이론상으로는) 투자를 촉진하는 정책을 지속했다.

이런 상황은 1970년대 말에서 1980년대 초에 신자유주의가 승리하면서 득세한 경제정책(화폐수량설에 근거한다)의 틀이 무너졌음을 보여 준다.[17] 이런 정책 공백을 기회로 삼아 유럽과 북미의 중도 좌파 경제학자들과 부상하는 개혁주의 정치인들은 미국 브롱크스 출신 사회주의자 국회의원인 알렉산드리아 오카시오코르테스가 선도한 '그린 뉴딜'을 중심으로 하는 대안

정책으로 결집했다. 좌파 학자들은 수십 년 만에 정책 결정에 많은 영향력을 행사할 수 있게 됐다.[18]

일부는 현대화폐이론MMT의 영향을 받았다. 케인스주의의 기이한 변종인 현대화폐이론은 "발권력"을 가진 정부가 돈을 찍어 내기만 하면 세금을 올리지 않고도 재원을 마련할 수 있다고 주장한다. 새로 찍어 낸 돈이 더 많은 투자를 낳고 이것이 성장으로 이어지면 인플레이션 위험은 거의 없다는 것이다. 통화주의의 창시자 밀턴 프리드먼 같은 주류 신자유주의자들처럼 현대화폐이론 지지자들도 화폐를 정부의 도구로 본다. 그들은 카를 마르크스가, 그리고 니컬러스 칼도어 같은 포스트케인스주의자들이 공히 통찰한 바를 이해하지 못한다. 즉, 중요한 것은 통화 공급이 아니라 (자본가와 노동자의 지출에서 생겨나고 요즘에는 은행 대출로 창출되는 신용화폐로 충족되는) 통화 수요임을 이해하지 못한다.

통화 조작으로 개혁을 위한 재원을 마련하자는 제안은 자본주의 사회 계급 관계의 모순을 외면하고, 부유층에게서 빈곤층에게로 부를 어느 정도 재분배하는 누진세의 구실을 무시하는 발상이다. 미국의 마르크스주의 경제학자 더그 헨우드가 말했듯이, "과세가 완전한 몰수는 아니지만 이 타락한 세상에서는 그나마 차선이다. 과세는 비록 온건하게나마 민간 투자와 소비를 공공 지출로 전환시키는 사회화의 한 형태다."[19]

현대화폐이론은 정설적 정책 수립이 거의 마비된 덕분에 유행할 수 있었다. 실제로 주류 경제학자들 사이에서도 정부가 극도로 낮은 금리를 이용해 차입을 늘려서 마련한 재원으로 생산능력을 높이고 성장을 자극할 투자를 해야 한다는 주장이 흔해졌다. 울프가 노동당을 비난하는 것은 위선적인데, 그는 몇 달 전에만 해도 현대화폐이론이 (제한적이나마) "분석은 옳다"고 인정하며 이런 결론을 내렸기 때문이다. "(1990년 이후 일본처럼) 민간 수요가 구조적으로 취약하거나 경기가 침체한 시기에는 정부가 … 그 취약함을 상쇄할 조처를 취할 수 있고 그래야 한다는 현대화폐이론 주창자들의 지적은 옳다. 그렇다면 [정부 지출에 대한] 제약을 두려워할 이유는 없다. 결단을 내리기만 하면 된다."[20]

그런데 코빈과 맥도널이 하겠다고 하는 것이 바로 그 "결단" 즉, 차입으로 투자를 늘려서 경제를 자극하고 혁신하겠다는 것이다. 11월 중순 〈파이낸셜 타임스〉는 "제러미 코빈의 지출 계획이 영국 경제 위기를 촉발할 것인가"라는 호들갑스러운 제목의 기사를 실었다. 기사 필자들이 런던 금융가에서 들은 답변은 확고한 "아니요"였다.

> 차입해서 특히 인프라에 투자한다는 노동당의 공약이 지난주 공개된 후에도 영국 국채 시장은 잠잠했다. 이는 역사에 기록될 만

큼 금리가 낮은 상황에서 노동당이 재원 마련에 어려움을 겪을 것이라고 전망하는 투자자가 거의 없음을 시사한다. 물론 노동당의 계획에 동의하지 않는 시각은 많겠지만 말이다.

1990년대에 미국 민주당 고문 제임스 카빌은 "[환생이라는 게 있다면] … 모두를 벌벌 떨게 할 수 있는" 국채 시장으로 환생하고 싶다고 말했다.* 그러나 이번 영국 총선에서 영국 국채 시장 자경단[인플레이션이나 중앙은행의 통화정책으로 채권가격이 하락할 가능성이 있는 경우 국채의 대량 매도에 나서는 투자자들]은 움직이지 않고 있다. … 블루베이에셋매니지먼트 최고 투자 책임자 마크 다우딩은 보수당과 노동당의 정부 차입 계획을 바라보는 많은 채권 투자자의 시각을 이렇게 요약했다. "채권시장은 확대 재정 정책을 펼, 30년에 한 번뿐인 기회를 주고 있다."[21]

마르크스주의자 마이클 로버츠도 블로그에 올린 글에서, 채권시장의 이완된 태도는 노동당의 공약이 비교적 온건하기 때문이라고 지적한다.

영국의 금리생활자 경제를 고용이 생기는 생산적 영역으로 전환

* 1993년 클린턴 정부의 경기 부양책이 채권 투자자들의 반발에 부딪혀 좌절된 뒤에 한 말이다.

시키는 것이 국책은행과 [신규 공공투자를 관리하기 위해 설립하겠다고 노동당이 약속한 — 지은이] 투자위원회만으로 가능할까? 노동당은 5대 은행이나 주요 보험사와 연금 펀드를 공적 소유로 돌려서 운영하겠다고 하지 않는다. 그러나 잠재적 투자 자금은 대부분 이런 곳들이 계속해서 공급할 것이다(이들은 GDP의 약 15퍼센트를 공급하며, 정부는 기껏해야 GDP의 4퍼센트 정도다). 그래서 그들은 노동당 정부가 투자, 서비스, 소득을 실질적으로 개선할 수 있는 역량을 약화시킬 것이다. 엄청나게 부유한 자들에게서 소득과 부를 가져와 나머지 사람들에게 재분배하려는 노동당의 조세 및 기타 정책들 또한 매우 제한적 효과만 낼 것이다. 사실 노동당은 국가보건서비스 지출을 매년 4퍼센트씩 늘리겠다고 했지만, 이는 블레어 정부 때보다도 적고 고령화하는 인구의 수요도 간신히 충족시킬 것이다. 노동당의 정책들은 극심한 불평등을 찔끔 완화하는 데에 그칠 것이다.[22]

다시 말해, 노동당의 선거공약은 고전적 케인스주의 강령으로서, 기저에 놓인 계급 권력 구조를 바꾸지 않은 채 (탄소 배출 없는 경제로 나아감으로써) 국가를 이용해 투자를 증진하고 경제구조를 개혁하겠다는 강령이다. 이런 정책으로는 자본주의 생산양식의 구조적 모순들을 극복하지 못한다고 마르크스주의자들은 오래전부터 주장해 왔다.[23] 그런데 2019년 총선은 영국 자본주의가 그런 강령조차 거부한다는 점을 보여 줬다. 노동당이 2차 국민투표를 지지하고 소프트 브렉시트를 위한 협상을 전적으로 지지했는데도 영국 지배계급은 존슨과 보수당으로 결집했다. 앞서 살펴봤듯이, 사회 상층부를 겨냥한 시장에서 이는 〈파이낸셜 타임스〉와 〈이코노미스트〉 같은 주요 부르주아 간행물들의 태도에 반영됐다(비록 이들은 자신들이 편 주장의 논리적 귀결을 인정하고 존슨을 대놓고 지지할 수는 없었지만 말이다). 일반 대중을 겨냥한 시장에서는 친기업 언론들(특히 BBC)이 죄다 달려들어서 코빈을 헐뜯고 존슨을 추켜세웠다. 이는 대처주의가 절정이었던 1980년대와 1990년대 초에 〈선〉이 법석을 떤 이래 유례없을 정도로 심했다.

이런 계급적 동원을 측정하는 가장 '객관적'인 지표는 파운드화의 동향이다. 브렉시트를 둘러싼 의회의 위기가 극에 달한 시기에는, 존슨이 잘나가는 듯 보일 때마다 통화 시장이 추락하곤 했다. 존슨이 잘되면 노 딜 브렉시트로 이어질 수 있다는 두려움 때문이었을 것이다. 그러나 2019년 12월 초, 보수당의 승리 전망 속에서 파운드화 [가치]는 4월 이래 최고 수준으로 올라갔다. 12월 12일 총선 출구 조사 결과가 발표된 직후에는 더 높이 치솟았다. 주식시장도 다음 날 반등했다.

나는 앞에서 "사태를 규정하는 계급적 이해관계의 위력"을 언급했다. 경우에 따라 이 말은 좁은 의미에서 그람시가 말한

"경제적 공동 이익"을 뜻한다. 노동당이 국유화하겠다고 공약한 수도·전기·철도 같은 사회 기반 시설 부문의 투자자들이 그런 사례다. 이들은 유럽경쟁법과 쌍무투자협정 위반으로 [노동당 정부를 상대로] 소송을 걸 계획을 세우고, 이 소송을 가능케 하려고 해외에 유령 회사를 설립하고 있었다.[24]

그렇지만 더 넓게 보아, 노동당에 맞선 지배계급의 공동 대응은 더 근본적인 것을 반영한다. 2007~2009년 세계적 경제·금융 위기는 신자유주의의 실패를 입증했지만, 자본가계급은 신자유주의를 버릴 태세가 안 돼 있다. 왜 그럴까? 첫째, 신자유주의가 자본가계급에게 매우 득이 됐기 때문이다. 다시 하는 말이지만 "경제적 공동 이익"이 있었다는 의미에서, 즉 엄청난 보수, 보너스, 스톡옵션 등 덕분에 기업 고위 경영자들이 신자유주의 시대에 큰 혜택을 누렸다는 의미에서 득이 됐다. 그러나 둘째, 케인스주의를 도입하면 경제에 대한 정치적 간섭이 걷잡을 수 없이 커지고 기업 권력에 대한 더 큰 침해를 고무할지 모른다. 실제로 코빈과 맥도널과 그들의 보좌관들은 사회주의자이고 장기적으로는 바로 그런 식의 변혁을 바랐다. 물론 자본가들 입장에서도 신자유주의가 파산했기 때문에 경제를 정치적으로 관리할 필요성은 커졌다. 그러나 자본가들에게는 자신들에게 철저히 충성하고 선출되지도 않는 중앙은행에 그 일을 주로 맡긴 채 꾸역꾸역 버티는 것이 더 안전한 베팅으로 보였다.

노동당은 왜 패배했는가

기업주들은 개혁주의 정부를 용인할 수 있다. 특히, 아래로부터의 운동을 달래는 수단으로서 말이다. 그러나 그들은 개혁주의 정부를 반기지는 않는다. 그들은 노동당의 패배로 큰 위험을 피했다고 자축하고 있다. 그러면 코빈은 왜 패배했을까? 이 글은 총선을 치른 지 나흘 뒤[2019년 12월 16일]에 발표된다. 그래서 이 평가는 노동당은 물론 좌파 전체에게 참담한 결과가 나오면서 조성된 강한 압력 속에서 쓰였다.

노동당 우파가 쉴 새 없이 쏟아 내는 주장은 앞으로도 끈질기게 제기될 것이다. 그 주장이란 바로 코빈이 지도자로서 약점이 많고 강령이 너무 급진적이어서 패배했다는 것이다. 이런 견강부회식 평가로는 2017년 6월 8일 총선 결과를 설명하지 못한다. 당시 코빈은 2019년 총선만큼이나 급진적인 공약으로 선거운동을 했다. 그런데도 노동당은 잉글랜드 북부 선거구를 넘보는 메이를 물리치고 2001년 이래 최대 득표율을 기록했다. 그러므로 코빈이 패배한 이유는 다른 데 있다.

네 가지 요인이 두드러진다.

첫째, 이번 총선은 사실상 브렉시트 선거였음이 드러났다. 존슨이 쉴 새 없이 되풀이한 "브렉시트 완수"는 매우 영리한 구호였다. 브렉시트 찬성 유권자에게 호소함은 물론, 상당수 브렉시트 반대 유권자도 설득하기 위해 계산된 것이었다. 브렉시트 반대 유권자들 중에서도 국민투표 결과를 인정해야 한다고 여론조사에서 응답한 사람이 꽤 많기 때문이다. 존슨은 정계의 끝없는 권모술수에 대한 대중의 커져 가는 염증에 호소할 수 있었다. 반면, 브렉시트를 둘러싸고 오랫동안 이어진 의회의 마비 사태는 코빈 지도부에게 매우 해로웠다. 코빈 지도부는 브렉시트에 반대하는 예비내각과 의원단에게 실제로 포위됐고, 그들은 코빈에게 브렉시트를 뒤집는 2차 국민투표를 지지하라고 요구했다.

코빈은 브렉시트를 찬성하는 지지자들을 잃지 않으려 했고 옳게도 이런 압력에 저항했지만(맥도널은 부끄럽게도 이런 압력을 강화했다), 이런 노력이 결과적으로는 동요한다는 인상을 줬다. 브렉시트를 둘러싼 고통스러운 후퇴와 타협 끝에 합의된 당론은 존슨의 탈퇴 합의를 놓고 재협상하되 이렇게 해서 나온 합의안과 유럽연합 잔류 중 택일을 묻는 2차 국민투표를 치른다는 것이었다. 이런 당론으로는 브렉시트 반대자들을 결집하지도 못했고, 존슨의 공세에 맞서 브렉시트 지지자들을 묶어놓지도 못했다. 보수당은 2016년 국민투표 결과를 뒤집으려는 시도에 반대하는 광범한 정서에 호소하고, (스코틀랜드에서 노동당이 스코틀랜드국민당에 밀린 탓에) 과반 의석을 차지하지 못할 노동당 정부가 들어서면 훨씬 더 큰 혼란과 불확실성이 따를 것이라고 유권자들을 부추길 수 있었다.

그러나 브렉시트가 이번 총선의 중요한 쟁점이긴 했어도 그것만으로 코빈의 패배가 충분히 설명되지는 않는다. 노동당의 득표는 2016년 국민투표 당시 브렉시트 찬성 여론이 강했던 곳에서 10.4퍼센트, 브렉시트 반대가 강했던 곳에서 6.4퍼센트 줄었다.[25] 전체적으로 보수당 득표율은 1.2퍼센트포인트 증가한 43.6퍼센트로 조금 올랐을 뿐이다. 그러나 노동당 득표율은 7.8퍼센트포인트 하락해 32.3퍼센트를 기록했다. 1983년 마이클 풋이 대처에게 괴멸적 패배를 당했을 때[27.6퍼센트]보다는 훨씬 높다. 그러나 의석수로 보면 노동당은 잉글랜드 북부 선거구들을 빼앗긴 탓에 1935년 이래 최악의 성적을 거뒀다.

이번 총선에서 두드러진 둘째 요인은 노동당 의원단 내에서 코빈에 대한 반대가 끈질겼다는 점이다. 그런 반대는 공공연했고 언론들에 의해 크게 증폭됐다. 특히, 코빈이 유대인을 혐오한다는 터무니없는 거짓 비방이 노동당 우파 측에서 나왔고, 아마 이것이 코빈의 이미지를 가장 많이 실추시켰을 것이다.

셋째 요인은 가장 불 보듯 뻔한 것으로, 언론들 자신이 "정상적" 선거운동을 펼치며 자본의 이익에 따라 코빈을 헐뜯었다는 것이다. 과거에 다른 좌파 영웅들, 예컨대 대처 시대의 노동당 좌파 지도자 토니 벤이나 광원 파업 지도자 아서 스카길에게 그랬던 것처럼 말이다.

넷째, 마이클 로버츠가 지적하듯이 많은 논자들이 간과하는 경제라는 요인이 있다.

> 선거는 보통, 경제 상태가 어떤지에 따라 판가름 난다. 이번 총선은 대체로 그렇지 않았다. 그럼에도 "경제적 안녕" 지표(실질 가처분소득과 실업률 변화를 함께 계산에 넣는 지표)는 전 보수당 총리 메이가 과반 의석을 확보하지 못한 2017년 이래 개선됐다. 투자와 산출 수준으로 보면 경제는 정체했지만, 영국의 평균적 가구들은 2017년보다 살림이 살짝 나아졌다고 느낀다. 고용이 개선되고 실질소득도 올랐다. 이것이 존슨 정부에게 도움이 됐다.[26]

노동당은 선거운동 기간에 사회적·경제적 공약을 중심으로 넓은 활동가 기반을 단호히 동원해 이런 요인들을 극복하려 했다. 노동당의 공약은 코빈이 계속 되풀이했듯이, 브렉시트 지지와 반대를 불문하고 모든 노동계급 사람들을 겨냥한 것이었다. 전국의 가가호호 방문 유세단에 참가한 수많은 활동가들의 지칠 줄 모르는 노력은 찬사를 받아 마땅하다. 특히, 선거운동 막바지에 활용한 대중 집회 방식의 유세는 2017년의 분위기를 어느 정도 재현했다. 이런 활동들이 얼마나 적절했는지를 둘러싼 많은 토론이 당연히 벌어지겠지만 그것은 중요한 쟁점이 아니다. 2016년 6월 브렉시트 국민투표가 치러졌을 때와 마찬가지로 우리는 수많은 노동계급 유권자들과 정치과정 사이의 심대한 괴리를 목도하고 있다. 그런 괴리 때문에 많은 노동계급 유권자들은 2016년 브렉시트 찬성에 투표했고, 이제 그중 다수가 보수당에 투표했다. 또는 아예 투표에 참가하지 않았다.[27]

유럽연합 잔류를 지지하는 좌파들은 안일하게도 그런 노동자들을 인종차별주의자로 매도한다. 보수당에 투표한 많은 노동자들이 국수주의나 심지어 인종차별 사상에 분명 이끌렸을 것이다. 그러나 그것은 문제의 핵심이 아니다. 경제학자인 티모 페처는 최근에 발표한 연구에서 보수당-자민당 연립정부의 긴축정책이 2016년 브렉시트 찬성 결과가 나오는 데 중요한 구실을 했다고 주장한다. 세 가지 주요 "복지 개혁" ― 저소득층 지방세 감면 중단, 장애인 생활 보조금 개악, '침실세' 부과[주택 보조금 삭감] ― 의 영향이 개인들의 브렉시트 찬성 성향을 크게 높였다는 것이다. 페처는 "긴축정책이 없었다면 브렉시트 반대가 승리할 가능성이 높았을 것"이라고 넌지시 말한다.[28] 그러나 긴축만으로는 브렉시트 찬성에서 한발 더 나아가 보수당에 투표한 이유를 설명하지 못한다.

잉글랜드 북부에서 노동당 표가 붕괴한 것은 훨씬 더 장기적인 맥락에서 봐야 한다. 신자유주의 시기에 노동계급 조직과 지역이 점차 붕괴한 것이 바로 그 맥락이다. 예컨대 이번에 보수당에 투표한 폐광 지역들을 보자. 1984~1985년 광원 대파업이 패배한 이후 이 지역들에서는 석탄 산업이 사라졌고, 임금이 괜찮고 안정적인 일자리를 공급할 다른 산업이 성장하지 않았다. 1997~2010년에 집권한 신노동당 정부는 이 지역들을 자신의 표밭으로 여겨 근근이 살아갈 수 있도록 공적 자금을 투입했다. 긴축정책은 이 버팀목을 치워 버렸다. 오래된 노동계급 조직들은 쪼그라들고 노동운동이 더는 유의미해 보이지 않자 노동운동의 틀 바깥에서 분노와 설움이 표출됐다. 결국 우리는 1980년대에 대처주의가 산업 노동계급의 핵심 집단들 — 광원뿐 아니라 철강·자동차·항운 노동자들까지 — 을 깔아뭉갠 후과를 아직도 치르고 있는 셈이다.

선거 당일 〈가디언〉 칼럼니스트 아디트야 차크라보르티는 몇 주 전에 방문한 콜체스터[영국의 가장 가난한 지역의 하나] 무료 급식소의 분위기를 이렇게 요약했다.

> 전국에서 브렉시트 표가 가장 많았던 지역의 하나인 [잉글랜드 동남부에 속한] 이곳에서 내가 만난 사람들은 대부분 브렉시트가 약속한 미래에 투표했지만 그것을 전혀 믿지 않았다. "영국이 유럽연합에 매주 3억 5000만 파운드를 갖다 바친다"는 보수당의 거짓 광고 문구가 찍힌 버스는 믿을지 몰라도 금발의 거짓말쟁이 당 대표[보리스 존슨]는 믿지 않았다. 그들은 세상이 엉망임을 인정했지만, 정치인들이 세상을 개선하리라고는 꿈에도 생각지 않

았다.

이는 브렉시트를 지지한 노동계급에 대한, 흔히 묘사되는 것보다 훨씬 더 복잡하고 모순된 그림의 일부다. 이런 그림 없이는 이번 선거를 좌우하는 것이 무엇인지 이해할 수 없다. … 첫째, 그들에게 유럽연합은 일상에서 벌어지는 일에 대한 분노를 쏟아 내는 아주 흔한 대용물이다. 그들은 어머니의 병원 치료가 지체되고, 딸이 콩나물시루 같은 교실에서 공부하고, 자신과 가족과 이웃이 쪼들려 사는 것에 화가 치밀어 오르면 유럽연합에 화풀이를 한다.

둘째, 정치인들은 1주일 지난 일도 고대사로 치부하며 잊기 일쑤지만 유권자들은 위기가 올 때마다 삶이 얼마나 숨 막혔는지를 기억한다. 예컨대, 내가 만난 게리는 브렉시트 이후 유럽연합에 "갖다 바치지" 않아도 되는 돈이 결국 어디로 갈지 정확히 알고 있었다. "그 돈은 런던 금융가의 그들 패거리에게 떨어질 겁니다." 이번 선거 기간에 들은 말 중 금융가를 언급한 것은 이것이 유일했지만, 실제로 이번 선거는 2008년 금융 위기와 그 후 공공 부문과 일상 생활수준이 퇴보한 현실이 드리운 그림자 속에서 진행되고 있다.

불신이 수십 년간 쌓인 결과란 이런 것이다. 그들은 [브렉시트에] 허황한 기대를 품지도 않고, 상류층 도련님의 동화 같은 이야기를 무한정 믿지도 않는다. 오히려 깊게 침잠한 울분을 품고 있다.

그 어느 정당이나 민주적 기구로도 호응을 이끌어 낼 수 없고 다가가기조차 어려운 허무주의에 빠져 있다.[29]

이토록 무너져 내린 노동계급의 의식을 만회할 유일한 방법은 집단적 조직과 자신감을 재건하는 투쟁뿐이다. 그렇지만 영국의 파업 수준은 지독하게 낮다. 게다가 코빈 열풍에는 모순이 있다. 코빈이 그토록 존경받을 만한 이유 하나는 35년 이상 의원을 지내면서 운동적 활동에 헌신했다는 것이다. 코빈은 운동을 대변하는 의원이었다. 그가 대표를 맡으면서 노동당은 열성 당원을 거느린 대중정당으로 바뀌었다. 이런 변화는 전쟁, 긴축, 기후변화에 반대하는 운동이 어느 정도 반영된 것이기도 했다. 그러나 이것이 운동을 한 단계 고양시키지는 못했다. 오히려 코빈이 희망을 불러일으키고 그 결과 선거로 이목이 쏠리면서 코빈이 총리가 되길 기다리는 수동적 분위기가 조장됐다(파업을 조직하지 않을 핑계를 찾아 헤매는 노조 지도자들이 이런 분위기를 크게 강화했다).

아쉽지만 '총리 코빈'은 물 건너갔다. 선거 전에는 "코빈 없는 코빈 정치", 즉 노동당이 패배해도 다른 인물로 코빈의 구상을 이어 가자는 논의가 많았다. 그러나 그런 일은 벌이지지 않고 있다. 워낙 크게 패배한 탓에 노동당 우파가 늑대처럼 달려들고 있고 친기업 언론의 응원을 받으며 좌파를 갈가리 찢어 버리려

할 것이다. 늘어난 당원들(코빈의 한 가지 핵심 유산이다) 사이에 강력한 기반이 있는 노동당 좌파는 우파에 반격할 것이다. 노동당이 당내 투쟁에 휘말릴 것은 거의 확실하다. 대단히 애석한 일이다. 왜냐하면 존슨 정부의 앞날이 순탄치 않을 것이기 때문이다.

첫째, 여러 평론가가 지적하듯이 "브렉시트 완수"는 간단치 않을 것이다. 물론 영국은 분명 1월 31일에 유럽연합을 떠날 것이다. 그러나 훨씬 어려운 문제들이 남을 것이다. 존슨은 유럽연합과 자유무역협정을 타결해야 한다. 존슨은 [유럽연합보다 규제를 완화해] 영국 기업들이 유럽 기업들에 대해 원가 경쟁력을 갖추길 바란다. 그러나 유럽연합은 여전히 영국에게 가장 큰 시장이다. 유럽연합 기업들에 대한 경쟁력과 유럽연합 시장에 대한 접근권, 이 두 마리 토끼를 모두 잡는 것은 쉽지 않을 것이다. 독일 총리 앙겔라 메르켈은 영국 총선 결과를 보고 유럽연합이 "코앞에 경쟁자를 두게 생겼다"고 반응했다. 유럽연합은 계속 강경한 자세로 협상에 임할 것이다.

만일 존슨이 과도기(영국이 [유럽연합을 탈퇴한 뒤에도] 유럽 단일시장에 잔류하는 기간)를 2020년 12월 31일 내로 끝낸다는 공약을 고수한다면, 이는 유럽연합 측의 협상력을 키울 것이다. [협상 자체가 물거품이 될 경우 영국이 유럽연합보다 잃을 것이 더 크기 때문에 협상 완료 시한이 촉박할수록 영국이 불리하다.] 앞서 메이도 탈퇴 의사를 유럽연합에 서둘러 통보해서 리스본 조약 50조[2년 내로 탈퇴 협상을 마무리해야 한다는 규정]를 발동하는 바람에 유럽연합의 협상력을 키워 준 바 있다. 존슨은 자유무역협정 없이 유럽단일시장을 나가든지, 공약을 어기고 유럽단일시장 잔류 기간을 연장하든지 양자택일을 해야 할 것이다. 전자는 일종의 노 딜 브렉시트로 온갖 혼란을 야기할 것이다. 나는 존슨이 후자를 택하리라 예상한다. "안전장치" 문제를 해결하려고 동맹인 영연방병합당을 버렸듯이 말이다. 그러나 여기에는 정치적 대가가 따를 것이다.

둘째, 이번 선거는 지리적 경계선에 따른 사회적·정치적 반목을 확연하게 드러냈다. 잉글랜드는 유럽연합 잔류 여론이 강한 남부와 탈퇴 여론이 강한 북부로 나뉘었고, 스코틀랜드에서는 잔류를 지지하는 스코틀랜드국민당이 지지를 얻었다. 북아일랜드에서는 탈퇴를 지지하는 영연방병합당이 두 석을 잃었고, 탈퇴에 반대하는 민족주의 정당 신페인당과 아일랜드 사회민주노동당SDLP에게 밀렸다. 영국 중앙정부와 스코틀랜드의 갈등은 존슨에게 까다로운 사안이 될 것이다. 존슨이 "하나의 영국"을 강조할수록 스코틀랜드 독립 여부를 묻는 2차 국민투표를 요구하는 염원이 더 커질 것이기 때문이다. 스코틀랜드국민당 지도부는 신중하지만, 스코틀랜드에서도 카탈루냐와 같은 폭발이 재현되지 말라는 법은 없다.

셋째, 존슨은 자신이 말한 "일국 보수주의"에 어느 정도 알맹이를 제공해야 할 상황에 부딪힐 것이다. 앞서 봤듯이 보수당 득표는 살짝 늘었을 뿐이다. 노동당은 크게 패배했지만 여전히 3분의 1을 득표했고 대도시 표밭들을 지켰다. 보수당은 이번에 획득한 잉글랜드 북부 선거구들을 붙잡아 둬야 한다. 노동당에 투표하던 브렉시트 지지자들을 몇 년 동안 붙잡아 둘 무언가를 존슨이 제시할 수 있을까? 존슨이 보수당을 유럽 대륙의 극우파 정당들과 비슷하게 바꿨을지는 몰라도 앞서 봤듯 신자유주의와 단절한 것은 아니다(이는 유럽 대륙의 극우파 정당들도 대부분 마찬가지다).

끝으로, 마이클 로버츠는 다음과 같이 지적한다.

> 카드놀이의 조커 같은 변수가 있다. 바로 세계경제다. 현재 주요 선진국 경제는 2008년에 시작된 대불황 이래 가장 느리게 성장하고 있다. 미·중 무역 전쟁은 일시적 휴전에 돌입하더라도 다시 터질 것이다. 게다가 미국, 유럽, 일본에서는 기업 이윤율이 떨어지고 기업 부채가 늘고 있다. 세계경제가 다시 크게 후퇴할 가능성이 2008년 이래 가장 높다. 새로운 세계적 경기후퇴가 닥치면 영국 유권자들의 태도는 급변할 수 있고, 그러면 존슨 정부의 브렉시트 거품은 터질 것이다.[30]

따라서 투쟁은 계속될 것이다. 저항할 일이 많을 것이다. 대담해진 사용자들이 노동자를 더 쥐어짜려 들고, 긴축 공격이 간판만 바뀐 채 계속되고, 인종차별주의자들이 영국판 도널드 트럼프가 총리직으로 복귀한 것에 신이 나서 설칠 것이기 때문이다. 무엇보다 기후변화라는 재앙이 넘실거리고 있다. 그러나 이런 투쟁과 함께 정치적 토론과 논쟁이 필요해질 것이다. 이번 선거는 선거 위주 정치의 한계를 뼈아프게 확인시켜 줬고, 노동당의 가장 훌륭한 사회주의자가 실천하는 선거 위주 정치조차 한계가 있음을 확인시켜 줬다. 좌파는 이번 실패에서 회복할 수 있지만 그러려면 올바른 교훈을 배워야 한다.

우파는 어떻게 지지를 모을 수 있었나?

세이디 로빈슨

브렉시트를 둘러싼 지배계급의 교묘한 술책 때문에 노동계급과 좌파 일부가 보수당 지지나 그보다 더 나쁜 입장으로 기울고 있다.

이 사회의 상태에 대한 분노가 어디로 향하게 할지를 두고 쟁투가 벌어지고 있다. 동커스터와 반즐리 사람들과 대화해 본 결과, 투쟁과 강력한 좌파적 대안이 없으면 노동계급 사람들 일부가 어떻게 지배계급 사상을 받아들이게 될 수 있는지 보여 주는 불길한 징후를 볼 수 있었다.

2016년 영국의 유럽연합 탈퇴 여부를 묻는 국민투표 당시 상

원문: Sadie Robinson, "Austerity, Brexit chaos and political failure — a warning of how the right can win", *Socialist Worker* 2675(7 Oct 2019). 영국 총선이 열리기 전인 2019년 10월 잉글랜드 중북부 제조업 도시 동커스터와 반즐리를 현장 취재한 기사다.

대적 고소득층보다 저소득층에서 탈퇴 지지표가 더 많이 나왔다. 사람들은 여러 이유로 탈퇴에 투표했다. 그중에는 기성 정치권에 대한 심각한 불만 때문에, 그리고 기득권층에 한 방 먹이고 싶다는 심정으로 탈퇴에 투표한 사람들도 있었다.

그 뒤 3년이 지난 지금까지 정치인과 기업주 등은 유럽연합 탈퇴를 가로막고 있다. 많은 사람들이 더는 못 참겠다고 생각한다. 동커스터의 전당포에서 일하는 조앤은 이렇게 말했다. "브렉시트 얘기는 이제 신물이 나요. 너무 질질 끌었어요. 저는 이제 다 끝내면 좋겠어요."

동커스터에서는 2016년 국민투표 때 약 69퍼센트가 유럽연합 탈퇴에 투표했다. 지금은 많은 사람들이 영국의 '민주주의'에 실망했고 배신당했다고 여긴다. 2019년 5월 유럽의회 선거 때는 (투표율이 낮은 가운데) 강경 우파 정당 브렉시트당이 약 3만 표를 얻어 약 1만 1000표를 얻은 노동당의 3배 가까이 득표했다. 브렉시트 논의가 시작되기도 전인 2009년에 인종차별적 정당 잉글랜드민주당이 동커스터 시장 선거에서 승리했다. 같은 선거에서 노동당은 3위를 했다. 노동당 토니 블레어 정부와 노동당이 다수인 지방의회의 정책에 사람들이 환멸을 느꼈기 때문이다.

노동당 우파의 뜻이 관철돼 노동당이 유럽연합 잔류 입장을 대변하면 재앙일 것이다. 투표해 봐야 의미 없다는 생각이 커질 것이다.

동커스터 시내 쇼핑몰에서 일하는 스티브는 이렇게 말했다. "유럽연합과 합의를 하든 못 하든 영국은 이제 유럽연합을 탈퇴해야 합니다. 동커스터 사람들은 대부분 유럽연합 탈퇴에 투표했어요. 그렇지만 지방의원들은 대부분 유럽연합에 잔류하길 원하죠. 그 사람들은 대체 누구를 대변하는 겁니까?"

관리직에서 일하는 그레이엄은 브렉시트는 "절대 일어나지 않을 것"이라고 말했다. "브렉시트를 원하는 정당은 하나도 없어요. 정치인들은 사람들이 잔뜩 진저리가 나서 [유럽연합 잔류 여부를 묻는] 국민투표를 한 번 더 치르면 잔류에 투표하기를 바라는 겁니다."

동커스터는 보수당의 공격을 여러 차례 겪은 곳이다. 1984~1985년 보수당 정부가 광업을 파괴했을 때, 동커스터에서 대규모 광원 파업이 벌어졌다. 파업이 남긴 유산 때문에 이제껏 평범한 사람들은 보수당 지지가 수치스런 일이라고 생각했다. 그러나 브렉시트를 둘러싼 분노 때문에 그 점이 바뀌고 있다.

동커스터의 암소프 탄광에서 일했던 하워드 윌슨은 이렇게 말했다. "정말 걱정이에요. 광원 파업 시절 가장 강경한 좌파였던 옛 동료 몇몇과 얘기해 봤어요. 다들 유럽연합 탈퇴를 찍은 친구들이에요. 그중 몇 명이 보리스 존슨을 지지한다는 거예요. '유럽연합 탈퇴를 바라는 정당'에 투표해야 한다면서요. 나이절 패라지의 브렉시트당에 투표하겠다는 친구들도 있었어요. 이 친구들은 평생 노동당에 투표했다고요." 윌슨의 얘기에 따르면, 사람들은 유럽연합 탈퇴를 결정한 2016년 국민투표 결과에 민주적으로 따라야 한다는 심정이 가장 크다. 존슨의 민주주의 수호자 행세에 귀 기울이는 것은 옛 광원들만이 아니다.

동커스터의 긴축 반대 운동 활동가 루이즈 해리슨은 이렇게 말했다. "문제는 노동당과 노동조합이 선거에만 골몰한다는 거예요. 의석 한두 개 더 얻고 총선에서 이기는 데만 관심이 있죠. 그렇지만 선거 승리는 보장된 게 아닙니다. 우리 같은 평범한 사람들은 좌절감이 커요. 상황이 아주 나빠지고 있어요. 중앙정부든 지방정부든 끊임없이 긴축을 해요. 인종차별적이고 성차별적이고 비민주적인 총리가 권좌에 앉아 있으니 국가보건서비스도 몇 달 안에 없어질 것 같습니다. 지역에서는 노동당이 다수인 동커스터 지방의회가 하나뿐인 어린이 도서관을 폐쇄하려 하는데, 어린이 도서관에서 일하던 노동자들에게 새로 생길 중앙 도서관에서 일할 수 있게 해 주겠다는 약속은 하지 않고 있습니다."

흑인이고 실업자인 마이클은 이렇게 말했다. "저는 보리스 존슨을 지지합니다. 존슨은 유럽연합에 가서는 '합의안을 내놓아라. 합의가 있든 없든 영국은 유럽연합을 탈퇴할 거다' 하고 말했어요. [유럽연합이 아니라] 존슨이 마감 시한을 통보한 것입니다. 존슨이 귀국하자 의원들이 존슨의 발목을 잡았어요. 의회는 대체 왜 존슨을 밀어주지 않은 거죠?"

마이클, 스티브, 그레이엄 모두 이제껏 노동당에 투표해 왔다. 그러나 이들 중 아무도 노동당 대표 제러미 코빈을 좋게 보지 않았다. 마이클은 코빈을 믿을 수 없어서 싫어한다고 말했다. "노동당은 무엇 하나 분명히 입장을 취하지 않고 있어요. 코빈은 우유부단합니다. 코빈과 우리의 공감대가 어디인지 모르겠어요. 그렇지만 보리스 존슨과는 공감대가 있습니다." 앤은 코빈이 "흡족하지" 않다고 말했다. "뭔가 마뜩잖은 데가 있어요. 코빈은 유럽연합에 잔류하기를 바라죠. 저들은 모두 그래요. 불쌍한 보리스만 빼고요."

기성 언론들은 코빈이 "마르크스주의자"라고 거듭 공격한다. 신문들은 코빈이 팔레스타인을 지지하기 때문에 유대인 혐오자라고 비방한다. 또, 코빈이 아일랜드에 대한 영국의 제국주의 지배를 반대한다는 이유로 테러리스트 지지자라고 주장한다. 코빈이 여왕에 대한 공경심이 부족하다고 공격하고, 영국을 통치하기에 적합하지 않다는 이미지를 조성한다.

윌슨은 "언론의 비방"이 영향을 미친다고 말했다. "제가 아는 옛 광원 한 명은 노동당이 마르크스주의를 버리면 노동당에 다시 투표할 수 있다고 말해요. 심지어 노동당 당대회가 끝나고 코빈이 좋은 공약을 잔뜩 내놓았는데도 마음을 바꾸지 않더군요."

2016년에 68퍼센트가 유럽연합 탈퇴에 투표한 반즐리에서도 코빈에 대한 언론의 공격이 분명 영향을 끼쳤다. 실업자인 트루디는 이렇게 말했다. "제러미 코빈이 다른 정치인들보다 구린 데가 훨씬 많은 것 같습니다." 사람들은 코빈이 테러리스트 조직과 "연계가 있다"는 기사를 읽었다고 말했다.

윌슨은 이렇게 우려했다. "선거가 시작되면 코빈이 받은 인신공격은 모두 아무것도 아닌 듯 보일 겁니다. 문제는 코빈 지도부가 이런 공격에 맞서지 않고 있다는 거죠."

언론이 정치인과 정치에 대한 사람들의 관점을 전적으로 좌우하지는 않는다. 사람들의 삶의 경험, 그리고 정치인들은 대중의 현실과 유리된 엘리트라는 생각도 영향을 준다.

윌슨은 이렇게 말했다. "동커스터 같은 곳에서는 산업이 모두 붕괴했습니다. 철강업·광업 모두요. 그래서 사람들은 정치인들에게 일단 환멸부터 느낍니다. 여기에 긴축정책이 커다란 영향을 끼쳤습니다. 잉글랜드 북부에 일자리라곤 콜센터 아니면 고용계약도 없는 불안정한 일자리뿐입니다. 시급으로 [최저임금을 약간 웃도는] 9파운드를 받으면 그나마 운이 좋은 편이에요. 사람들은 머리끝까지 화가 나 있습니다."

이런 분노가 유럽연합 탈퇴 표심으로 일부 표현된 것이다. 일각에서는 유럽연합 탈퇴 투표는 인종차별적 표였다고, 이민자 배척 욕구에 이끌린 반동적 행위라고 규정했다. 탈퇴 표 일부는 실제로 그렇다. 그레이엄은 이렇게 말했다. "저는 이민 문제 하나 때문에 탈퇴에 투표했어요."

그러나 유럽연합 탈퇴 투표를 인종차별적 투표라고만 치부할 수 없다. 앤은 이렇게 말했다. "이민자 문제는 제게 그렇게 중요하지 않았어요. 저는 그저 우리가 유럽연합에게 얻는 것보다 잃는 것이 많다고 볼 뿐입니다. 마치 유럽연합이 사장들이고 우리는 그저 사장들이 시키는 대로 해야 하는 것 같은 모양새라는 거죠." 트루디도 "우리가 유럽연합에 너무 많은 돈을 갖다 바쳤기" 때문에 유럽연합 탈퇴에 투표했다고 말했다. 로더럼에 사는 사무직 노동자 린은 이렇게 말했다. "유럽연합 탈퇴에 투표한 사람들이 인종차별적이라는 말은 정말 짜증 나요. 다른 문제들에 대해서는 깊이 생각도 안 해 본 사람들인 양 깎아내리는 거잖아요. 제가 유럽연합 탈퇴에 투표한 이유는 이주민 문제와는 아무 상관도 없어요. 저는 영국의 정책을 결정할 권한이 제약받는다고 생각했기 때문에 유럽연합 탈퇴에 투표한 겁니다."

보수당은 분열해 있고 취약하고 혼란에 빠져 있지만, 브렉시트 지연에 대한 불만을 등에 업고 정권을 유지하거나 심지어 강화할 위험이 크다. 2016년 국민투표 당시 보수당의 공식 입장은 유럽연합 잔류였다. 그러나 존슨은 보수당 내 유럽연합 탈퇴파의 대표 주자다. 그리고 그 덕분에 존슨은 노동계급의 지지를 받을 수 있었다.

모두가 존슨을 좋아하는 것은 아니다. 동커스터에 사는 은퇴 간호사 재닛은 보수당이 최근 복지 예산을 늘리겠다고 공약한 것에 속아서는 안 된다고 지적했다. "보수당은 우리에게 뭔가 돌려주겠다고 말하면서 우리를 속이려 들어요. 그렇지만 보수당은 훨씬 더 많은 것을 빼앗아 갔어요. 사람들은 가난해요. 노숙인이 늘고 있어요. 우리는 푸드뱅크에서 식량을 얻는 처지입니다. 보수당은 우리 삶에 필수적인 복지를 삭감했습니다. 왜 이래야 하는 거죠?"

재닛은 국민투표에서 유럽연합 잔류에 투표했고, 브렉시트를

"난장판이고 완전한 혼란"이라고 묘사하지만 국민투표 결과를 받아들인다고 말했다. 재닛은 총선에서 누구에게 투표할지 결정하지 못했지만 보수당에는 투표하지 않을 것이라고 말했다. "저는 이제껏 노동당에 투표했습니다. 그렇지만 지금 노동당은 힘이 충분치 않은 것 같아요."

보수당이나 브렉시트당이 폭넓은 층의 평범한 사람들을 속여 득표를 늘리는 것이 피할 수 없는 일은 아니다. 그러나 대중이 진정 자신들을 위한 대안이 하나도 없다고 느끼면 보수당이나 브렉시트당에 투표할 가능성이 높다. 윌슨은 이렇게 말했다. "노동당은 언제나 우유부단합니다. 이번 총선에서 노동당은 의석을 많이 잃을 거예요. 기권 표도 엄청 많이 나올 겁니다. 사람들은 투표해봤자 소용없다고 생각하거든요. 그러면 보수당이 득을 볼 겁니다. 노동당은 기회를 여러 번 놓쳤어요. 노동당은 존슨의 협박에 맞서고 [2019년 9월 초에] 조기 총선으로 갔어야 합니다. 보수당의 과거 행적을 들어 보수당을 공격해야 해요. 투쟁에 나서야 해요."

이제까지 동커스터와 반즐리 같은 곳들은 보수당에 심하게 공격받았다. 그러나 노동계급이 저항한 적도 있었다. 그런 저항에 참가했던 사람들 일부가 이제 우파 세력 쪽으로 이끌리고 있다. 노동당에 기대서는 우리에게 필요한 투쟁을 건설할 수 없다.

해리슨은 이렇게 말했다. “전 세계 청소년들이 진짜 영감을 주고 있습니다. 우리 어른들에게 더 많은 것을 요구할 수 있음을 보여 줬어요.” 동커스터에서도 중고등학생을 비롯한 수백 명이 2019년 9월 20일 기후변화 반대 국제 공동 행동의 날 집회에 참가했다. 이는 희망적 조짐인 동시에 좌파가 의회 정치인들의 정략에 기대지 않는 전망을 제시하는 것이 중요함을 일깨워 준다.

선거와 계급투쟁

찰리 킴버

쓸쓸하게도 2019년 12월 12일 영국 총선에서 보수당이 과반 의석을 차지했다.

후퇴하지 말고 다시금 저항에 나서야 할 때다. 투쟁은 계속된다. 지금은 보수당이 승승장구하지만 브렉시트를 비롯해 많은 쟁점에서 문제에 부딪힐 것이다.

보수당은 365석을, 노동당은 203석을 얻었다. 스코틀랜드국민당은 스코틀랜드 의석 59석 가운데 48석을 휩쓸었다. 노동당 중진 국회의원인 데니스 스키너가 볼소버에서 보수당에 패배하는 등 보리스 존슨의 보수당이 과반 의석을 확보했다. 노동당 대표 제러미 코빈은 다음 총선에서 노동당을 이끌지 않겠다고 했다.

원문: Charlie Kimber, "After the election, keep up the fight against Tory rule", *Socialist Worker* 2685(13 Dec 2019).

코빈은 상당한 사퇴 압박을 받고 있다. 보수당 득표율은 2017년 총선보다 고작 1.2퍼센트포인트 올랐을 뿐이지만 노동당은 거의 8퍼센트포인트나 떨어졌다. 노동당 강세 지역으로 알려진 블라이드, 달링턴, 더럼 북서부 선거구에서 줄줄이 보수당이 승리했다. 보수당은 총선에서 한 번도 당선한 적 없던 애슈필드, 비숍오클랜드, 워킹턴에서도 승리했다.

보수당의 승리는 모든 노동자, 국가보건서비스, 학교교육, 복지 통폐합·개악으로 위협받는 사람들, 기후 문제 해결을 바라는 사람들, '0시간 계약'[호출 노동]에 매여 노조 할 권리조차 보장받지 못하는 사람들 모두에게 끔찍한 재앙이다. 더 많은 노숙인이 목숨을 잃을 것이다. 처지가 절박한 난민과 이주민이 더 많이 추방되고 구속될 것이다. 인종차별주의자들이 더 기세등등해질 것이다. 여성과 성소수자에 대한 공격이 더 기승을 부릴 것이다.

그러나 끝은 아니다. 우리 모두가 패배했지만 무너지지는 않았다. 청소년들은 기후변화를 막기 위해 계속 행진할 것이다. 대학 노동자들과 사우스웨스턴레일웨이 노동자들도 파업에 나설 수 있다. 스코틀랜드 독립 선동이 늘어날 것이다.

선거 결과를 보고 노동자들이 모두 반동적이라고 여겨선 안 된다. 특히 잉글랜드 중·북부의 평범한 사람들을 진보의 적으로 봐서는 안 된다.

사회가 돌아가는 꼴에 화가 난 사람들 일부가 자신들의 삶을 더 악화시킬 보수당에 표를 던진 것은 비극이다. 많은 사회주의자들이 의기소침해할 것이다. 그러나 우리는 저항해야 한다. 왜 이런 일이 벌어졌는지도 돌아봐야 한다.

닐 키넉, 고든 브라운, 에드 밀리밴드 같은 노동당 우파가 당을 이끌었을 때 노동당이 패배하면 노동당 좌파는 바로 할 말이 있었다. 긴축정책을 펴는 노동당 우파가 문제라고 말이다. 그러나 이번에는 그렇지 않았다. 진정성 있고 확신에 찬 좌파 인사인 제러미 코빈이 당을 이끌었다. 노동당의 공약은 지난 어느 때보다 급진적이었다.

물론, 영국 언론들은 압도적으로 보수당에 우호적이었다. "균형 잡힌" 보도를 한다는 BBC도 마찬가지였다. 코빈은 악랄한 거짓 비방과 중상에 시달렸다. 그러나 그런 비방이 아무리 역겹다 하더라도, 부자를 뒷받침하는 언론들을 부자가 구워삶는 것은 계급 사회에서 늘 있는 일이다.

노동당 우파가 틈만 나면 코빈을 흔들고 비방하려 한 것도 사실이다. 그런 비난은 심지어 총선 당일 밤까지도 계속됐다. 루스 스미스[노동당 의원]는 스토크온트렌트 북부 선거구에서 지게 생기자 노동당을 "인종차별 정당"이라고 비난했다. 그러나 노동당 우파 또한 노동당 안에 늘 있던 세력이다.

노동당은 선거운동을 더 잘할 수도 있었다. 노동당은 모두에게 열린 대중 집회나 공개 모임에 집중해야 했다. 그러나 노동당은 더 "전문적"인 방식을 추구하며, 가가호호 방문 선거운동에 주력했다. 코빈은 두 차례 TV 토론회에서 존슨을 더 몰아붙일 수도 있었을 것이다. 그렌펠타워 화재, 긴축 때문에 숨진 13만 명에 대한 책임을 묻고, 존슨의 인종차별적이고 동성애 혐오적인 발언을 정면으로 비판할 수도 있었을 것이다.

그러나 선거 결과는 단지 6주간의 선거운동만으로 판가름 나는 것이 아니다. 원인을 더 깊게 파헤쳐야 한다.

브렉시트가 핵심 쟁점이었다. 브렉시트는 노동계급을 날카롭게 분열시켰고, 존슨 같은 역겨운 사기꾼이 엘리트들에 맞서 평범한 사람들의 친구인 양 행세할 수 있게 했다. 2016년 유럽연합 탈퇴 국민투표 당시 탈퇴 표가 60퍼센트를 넘은 선거구에서는 보수당 득표율이 평균 6퍼센트포인트 올랐다. 반면에 잔류 표가 60퍼센트를 넘은 선거구에서는 보수당 득표율이 3퍼센트포인트 떨어졌다.

지난 2년 동안 노동당은 유럽연합 잔류 입장으로 나아갔고, 2차 국민투표를 호소했다. 이는 2017년 정책에서 크게 바뀐 것이다. 2017년에 "노동당은 유럽연합 탈퇴 국민투표 결과를 수용하며, 모든 지역사회에 도움이 되는 탈퇴 협상안을 중심으로 온 나라가 단결할 것을 호소"했다. 이런 정책 변화는 재앙이었다. 유럽연합 탈퇴를 지지한 지지층을 소외시켰다. 노동당 득표율은 탈퇴표 우세 지역에서 평균 10퍼센트포인트 이상 떨어졌다(잔류 표 우세 지역에서도 6퍼센트포인트 이상 떨어졌지만 말이다). 많은 노동당 인사들이 노동자의 브렉시트를 위해 싸우자는 좌파적 브렉시트 입장을 비웃었지만, 좌파적 브렉시트야말로 옳은 입장이었다.

노동당이 유럽연합 잔류 입장을 더 빨리, 더 분명하게 받아들였어야 한다고 주장하는 자들은 이번 총선에서 자유민주당이 얻은 성적을 봐야 한다. 자유민주당은 2017년 총선의 12석보다도 못한 처참한 성적을 거뒀다. 당 대표 조 스윈슨이 스코틀랜드국민당 후보에게 패배한 것이 압권이었다. 조 스윈슨은 내심 총리가 되기를 기대하고 선거운동을 했는데 말이다.

노동당이 유대인을 혐오한다는 비방에 맞서 싸우지 않고 후퇴한 것도 엄청난 재앙이었다. 노동당은 이스라엘과 시온주의에 반대하는 것은 유대인 혐오가 아니라고 주장하기는커녕 꽁무니를 뺐고 팔레스타인인들을 배신했다. 이는 활동가들의 사기를 떨어뜨렸고 비방은 기세가 더 올라 이번 총선 때는 치명적 선거 쟁점으로 다시 돌아왔다.

더 근본적인 문제는 영국 사회의 계급투쟁 수준이 낮다는 것이다. 사람들은 파업·시위·집회에 나서면 집단적 단결의 중요성을 느끼고 이해하게 된다. 급진적 사상에도 더 귀를 기울이게 된다. 그러나 영국에서는 그런 투쟁이 아직 벌어지지 않았다.

코빈은 좌파 전체를 고무했다. 사회주의 사상이 대중적 인기를 끌 수 있다는 자신감을 줬다. 그러나 그와 동시에, 노동조합 지도자와 많은 활동가는 코빈의 선거적 전진에 모든 것을 걸었다. 이들은 대규모 시위를 벌이거나 파업을 독려하지 않았다.

심지어 보수당이 위기에 빠졌을 때도 거리와 작업장이 아니라 의회에서만 대응했다. 약 1년 전 당시 보수당 총리 테리사 메이의 유럽연합 탈퇴안은 230표라는 의회 역사상 가장 큰 표차로 부결됐다. 그러나 대중 시위는 벌어지지 않았다. 보수당을 몰아내기 위한 노력도 없었다. 그 후에도 의회가 교착상태에 빠지자 [2019년 9월 2일] 존슨은 어쩔 수 없이 10월 14일에 조기 총선을 하자고 제안해야 했다. 노동당은 총선을 하느니 자유민주당 등과 함께 노 딜 브렉시트를 막기 위해 노력하겠다며 뒷걸음질 쳤다.

많은 노동조합 지도자들이 노동계급을 실망시켰다. 파업을 추진하지 않고 노동당 지지에 전력한 것은 치명적이었다. 힘든 시기에 우리는 거리와 일터에서 벌어지는 일이 의회보다 중요하다고 거듭 주장해야 한다. 의회가 가장 중요하고 다른 모든 것을 지배해야 한다고 보는 노동당의 정치가 근본적 문제다. 노동당과 당내 투쟁으로 한정된 세계관에 갇히는 것은 재앙을 낳는다. 따라서 독립적인 혁명적 조직이 필요하다.

존슨은 곧 심각한 문제에 부딪힐 것이다. 존슨은 자신에게 투표한 사람들의 기대를 충족하지 못할 것이다. 브렉시트를 위해서는 앞으로도 고통스러운 협상을 거쳐야 한다. 존슨은 보수당의 전통적 보루였던 대기업들 대부분과 사이가 나빠졌다. 영국은 물론 전 세계가 또 다른 경제 위기에 휩싸일지도 모른다.

그러나 좌파는 같은 실수를 반복하지 말아야 한다. 핑계가 아니라 구체적 행동이 필요한 때다. [인종차별 반대 연대체] '인종차별에 맞서자'는 총선 다음 날 총리 관저 앞에서 "존슨은 내 총리가 아니다 — 인종차별주의자 존슨에 맞서자" 집회를 열 것이다. 이런 집회는 반격을 위한 좋은 출발점이다.

노동당의 승리를 바라거나 이를 위해 활동해 온 모든 사람들은 더 나은 세상과 사회주의를 위한 싸움에 에너지를 계속 쏟아야 한다. 체념하지 말고 보수당과 그들의 체제에 맞서 싸우자.

부록

유럽연합의 성격

유럽 사회주의자가 말하는 유럽연합과 유로

소티리스 콘토야니스

유럽연합의 기원은 1950년까지 거슬러 올라간다. 당시에는 유럽연합이 아니라 유럽석탄철강공동체라는 이름으로 처음 출범했다.

유럽석탄철강공동체는 일종의 자유무역지대로 철강과 석탄만을 취급했다. 당시 회원국은 프랑스, 독일, 이탈리아, 벨기에, 룩셈부르크, 네덜란드, 이렇게 6개국뿐이었다. 유럽석탄철강공동체의 창립 문건은 당시 프랑스 외무부 장관 이름을 따서 쉬망 선언이라고 불렸다. 쉬망 선언은 이 자유무역연합이 마치 평화를 위한 거대한 프로젝트인 것처럼 포장했다. 쉬망은 "세계 평화를 달성하려면 그 평화를 위협하는 요인에 상응하는 만큼

2012년 7월 노동자연대가 주최한 '맑시즘 2012'에서 그리스 사회주의노동자당(SEK) 활동가 소티리스 콘토야니스가 한 강연을 녹취해 번역한 것이다.

의 창조적 노력이 필요하다"고 선언했다. 그러나 유럽석탄철강공동체는 사실 평화와는 전혀 무관했다. 오히려 유럽연합은 언제나 제국주의적 기관이었다.

쉬망이 평화를 위협하는 두 가지 요인으로 석탄과 철강 산업을 지목한 것은 일리가 있었다. 제1차세계대전을 보더라도 영국, 독일, 프랑스의 석탄·철강 기업들이 서로 경쟁적으로 철도 노선을 지으려고 한 것이 제1차세계대전 발발에 상당히 큰 구실을 했다.

그러나 석탄과 철강 기업주들은 경쟁을 중단하고자 한 것이 아니라 세계적 경쟁에 맞서서 좀 더 든든한 국가연합의 힘을 빌리고자 유럽석탄철강공동체를 만들었다. 결국 유럽석탄철강공동체는 서방의 냉전 동맹의 일부분이었다. 그래서 유럽석탄철강공동체도, 또 그것을 1950년대 말에 계승한 유럽공동체EC도 미국의 지지와 후원을 등에 업었다.

물론 그렇다고 해서 당시에 미국과 유럽공동체 간에 아무 갈등이나 경쟁도 없었던 것은 아니다. 자본주의적 제국주의는 단지 강대국이 약소국을 억압하는 것이 아니라 국가들 간의 위계질서를 말한다. 그 위계질서 내에서는 한편으로 갈등과 반목도 있지만 다른 한편으로는 공조와 협력도 있다. 그래서 유럽공동체와 미국 사이에도 갈등이 있었고 심지어 유럽공동체 내에서도 핵심국인 독일과 프랑스 사이에 갈등이 있었다.

베를린장벽이 붕괴하고 소련이 패망하자 유럽공동체는 유럽연합으로 이름을 바꿨다. 냉전이 끝나자 서방 강대국들은 옛 동구권을 약탈하고 산산조각 내서 각자 전리품을 챙길 기회를 맞았다. 유럽연합이 창설된 것은 주로 이런 목적을 위해서였다. 1990년에 서독이 동독을 흡수 통일했다. 2004년에는 옛 소련 위성국 8개국이 유럽연합에 가입했고, 3년 뒤에는 불가리아와 루마니아도 합류했다.

그런데 그와 더불어 나토와 전쟁도 함께 확대됐다. 예컨대 유고슬라비아는 7년간 끔찍한 내전을 겪었는데, 이 내전은 결국 나토군의 폭격으로 막을 내렸다. 요컨대 유럽연합은 국가도 아니고 북미자유무역협정NAFTA 같은 무역블록도 아니다. 그것은 악랄하고 호전적이며 피로 얼룩진 제국주의적 연합이다.

유럽연합은 시장 근본주의와 극단적 신자유주의의 보루이기도 하다. 제1차세계대전 당시에 연합국들은 추축국들을 상대로만 전쟁을 선포한 것이 아니라 자국 노동계급에게도 전쟁을 선포했다. 그래서 수많은 젊은이들을 전쟁터로 내보내서 죽였다. 마찬가지로 경제 위기 시대에 유럽연합도 회원국 노동자들을 상대로 전쟁을 선포했다. 그래서 지금은 긴축정책 기조가 모든 회원국에서 대세로 자리 잡았다. 2012년 3월에 유로존은 "유럽 국가들은 재정 적자가 단 한 푼도 나서는 안 된다"는 신재정협약 체결에 합의했다. 이것은 복지국가에 대한 엄청난 공격이다.

이런 공격적 신자유주의의 가장 극단적인 표현이 바로 유로화다. 2002년에 도입된 유로화는 유럽 지배자들이 시도한 가장 야심 차고 공격적인 프로젝트였다. 유로화를 도입한 주된 목적은 세계시장에서 달러화와 경쟁할 수 있는 기축통화를 만든다는 것이었다.

달러화는 제2차세계대전 이후, 특히 서방세계에서 사실상의 기축통화로 떠올랐다. 미국 지배계급에게 이는 대단한 이점이었다. 해외에서 뭔가를 수입할 때 돈이 부족하면 달러를 찍어 내기만 하면 됐으니 말이다. 마치 매장량이 무한한 금광을 가진 것이나 다름없었다.

물론 그런 금광이 있다 해도 아무 때나 금을 캐내서는 곤란하다. 금을 너무 많이 파내면 국제시장에서 금값이 폭락해서 결국 가치가 없어질 테니 말이다. 마찬가지로, 달러화가 바로 다음 날 평가절하될 것이 분명해 보인다면 세계의 어떤 중앙은행도 달러화로 외환 보유고를 비축하지는 않을 것이다.

어떤 통화가 기축통화 구실을 할 수 있으려면 그 통화의 가치가 보장돼야 한다. 미국의 경우 여차하면 군사력을 사용해서라도 달러화의 가치를 보장할 수가 있다. 예컨대 어떤 나라가 달러화의 가치를 위협하는 짓을 한다면 미국은 그 나라를 폭격할 수 있다.

반면 군사력으로 미국을 따라가는 것은 꿈도 못 꾸는 유럽연합은 극단적 신자유주의에 의존한다. 유럽중앙은행의 존재 목적도 유로화의 안정성을 지키는 것뿐이다. 유럽중앙은행은 정부 통제를 전혀 받지 않는다. 다른 나라의 경우 중앙은행에 부여된 가장 중요한 구실은 돈이 필요한 기업이나 정부가 다른 어디서도 돈을 조달할 수 없을 때 최후의 대부자 기능을 하는 것이다. 미국의 중앙은행인 연방준비제도이사회는 돈을 찍어 내서 그 돈으로 정부의 국채를 사들이는 식으로 미국 정부의 재정 적자를 메운다.

반면 유럽중앙은행은 국채 매입 권한이 없다. 유럽중앙은행은 단지 민간은행들한테만 돈을 빌려줄 수 있다. 그런데 민간은행은 국채를 매입할 수 있다. 이런 시스템 속에서 유럽의 민간은행들은 엄청난 이윤을 누렸다.

그들은 유럽중앙은행한테 1퍼센트의 금리로 돈을 빌린 다음 그 돈으로 국채를 사들였다. 스페인 국채는 수익률(금리)이 7.5퍼센트, 이탈리아는 6퍼센트, 그리스의 경우 25퍼센트다. 이런 식으로 엄청난 금리 차이를 이익으로 챙긴 것이다.

이런 시스템은 경제 위기 이전에는 유럽 지배계급 전체에게 이득이 됐다. 그렇지만 이 시스템 속에서 유로화는 심지어 유럽 국가들에게도 본질적으로 외국 통화와 같은 기능을 했다. 이 때문에 리먼브러더스 파산 이후에는 사태가 급격히 악화됐다. 최후의 대부자 구실을 할 수 있는 중앙은행이 없는 상황에서 유럽연합은 악순환에 빠졌다. 모든 유럽 국가에서 은행예금은 정부의 지급보증을 받는다. 문제는 정부들 자신이 빚을 지고 있고, 그 빚을 갚으려면 결국 (정부의 예금 보증을 받는) 은행들의 대출에 의존해야 한다는 것이다.

과연 여기서 벗어날 방법이 있는가? 이와 관련해 유럽에서는 (심지어 좌파들 사이에서도) 몇 가지 해결책이 거론되고 있다.

먼저 '유로본드'를 발행하자는 안이 있다. 유럽 국가들이 공동으로 국채를 발행하자는 것이다. 그렇게 하면 그리스나 스페인 같은 나라들도 유럽 공통의, 더 낮은 금리로 돈을 빌릴 수 있을 것이라고 한다.

또 다른 안은 위태로운 나라들에 구제금융을 제공하기 위해서 조성된 기구인 유럽안정화기구ESM를 은행으로 전환시켜 마치 중앙은행과 같은 위상을 부여하자는 안이다. 만약 유럽안정화기구가 은행으로 전환한다면 이 은행은 다른 유럽 은행들과 마찬가지로 유럽중앙은행으로부터 1퍼센트 금리로 돈을 빌려올 수가 있다. 그래서 만약 유럽안정화기구가 은행으로 전환한다면 유럽중앙은행한테 1퍼센트 이하의 금리로 자금을 조달해서 그걸 다시 위험한 나라들의 국채를 매입하는 데 쓸 수 있다.

그런데 이 모든 구상에는 유로존이 돈을 더 많이 찍어 내 인플레이션을 통해 이 위기에서 벗어나야 한다는 전제가 깔려 있다. 그런데 독일 총리 메르켈은 공공연하게 이 안에 반대하고 있다. 메르켈은 "내 눈에 흙이 들어가기 전에는 유로본드 같은 것은 없을 것"이라고 공언했다.

인플레이션을 통한 경제 위기 타개책에 반대하는 것은 비단 메르켈만이 아니다. 거기엔 세 가지 이유가 있다. 첫째, 미국 연준 의장 벤 버냉키가 지금까지 해 온 일이 사실상 돈을 찍어 내서 시중에 푸는 '양적 완화' 조처였다. 지금까지 두 차례 양적 완화 조처가 시행됐지만 아무런 성과도 내지 못했다. 미국에서 실패한 정책을 유럽연합이 뭣 하러 모방하겠는가?

둘째 이유는 1970년대의 경험 때문이다. 1970년대 거대한 경제 위기 때도 각국 정부들이 돈을 더 많이 찍어 내서 위기를 해결하려 했다. 그러나 한동안 세계경제는 불황과 인플레이션이 함께 벌어지는 이른바 스태그플레이션을 겪었다. 10년을 끈 스태그플레이션에서 지배자들이 벗어날 수 있었던 것은 1980년대에 대처와 레이건이 수행한 '혁명', 즉 노동계급에 대한 악랄한 공격 덕분이었다. 30년 전에 이렇게 실패한 정책을 아무도 되풀이하고 싶지 않은 것이다.

셋째 이유는 유럽 지배자들이 유럽연합과 유로화 가운데 어느 것도 포기할 생각이 없다는 것이다. 그들에게는 돌아갈 길이 없기 때문이다. 그리스만 봐도 그렇다. 유로화 덕분에 그리스 은행들과 기업들은 발칸반도로 대거 진출했다. 유로화의 구매력 덕분에 그들은 발칸반도에서 민영화하려고 내놓은 공기업

등 각종 자산을 헐값에 쓸어 모았다.

결국 그리스 경제 전체가 발칸반도를 이렇게 수탈하는 새로운 경제 모델에 완전히 적응하면서 예전에 수익성 있었던 산업들을 포기하거나 폐쇄했다. 예전에는 그리스의 식량자급률이 100퍼센트 이상이었지만 이제는 아니다. 설탕 공장들도 유럽연합의 지시에 따라 폐쇄됐다.

그리스 좌파 일부는 그리스 지배자들이 과거 국민 산업이었던 설탕 공장 등을 폐쇄하고 팔아 치웠다는 이유로 지배자들을 '매국노'라고 부른다. 그렇지만 그들은 '매국노'가 아니다. 1980년대에 마거릿 대처도 영국의 전통적 산업으로 수십만 명을 고용하던 자동차 산업을 폐쇄했는데, 그것은 런던을 세계적 금융 허브로 만들기 위해서였지 '조국을 배신하기 위해서'가 아니었다.

마찬가지로 그리스 지배자들도 아테네를 발칸반도의 중심 도시로 만들려고 했던 것이다. 다른 유럽연합 회원국의 지배자들도 똑같이 했다. 그렇기에 이들에게 유일한 선택지는 앞으로 돌진하는 것, 즉 노동자들을 살벌하게 공격하고 긴축을 강행하는 것이다.

그렇다면 이들의 시도는 과연 성공할 것인가? 얼핏 보기에는 가능성이 없다. 이 위기 자체가 유럽만의 위기가 아닌 세계적 위기고, 또 그 근저에는 마르크스가 말한 이윤율 저하 경향이 있기 때문이다. 그러나 이들의 성공 여부는 결국 그들에 맞서는 대중운동에 달려 있다.

유럽 지배자들이 만약 유럽 노동자들의 임금을 중국 수준으로 낮출 수 있다면, 비록 야만의 시대가 도래하긴 하겠지만 어쨌든 잠시나마 위기에서 벗어날 수 있을 것이다. 그렇지만 정치적으로 이것은 거의 불가능에 가깝다. 그리스만 해도 이미 2년 동안 전 국가가 반란 상태에 있었고, 이 반란의 물결이 이제 스페인으로 전염되고 있는 상황이다.

그리고 이 반란은 정치적으로도 표현되고 있다. 지난 총선에서 그리스 좌파들은 모두 합해 38퍼센트를 득표했다.

불행히도 이들 좌파의 지도자들은 유럽연합이나 유로화 문제에 대한 관점이 불분명하다.

그리스의 원내 좌파 중 가장 큰 정당인 시리자는 현재 유럽연합과 유로화 자체를 지지한다. 시리자는 자신들이 집권하면 유럽연합과 잘 협상해서 그들의 재앙적 노선을 바꿔 보겠다고 말한다.* 그런데 이것은 완전히 잘못된 선택이다. 이는 제2인터내셔널의 방침과도 비슷하다. 즉, 제1차세계대전 때 독일 사회민주당의 카우츠키와 힐퍼딩, 베른슈타인 등이 독일 제국주의

---

* 2015년 초 집권한 시리자 정부는 집권 전의 약속과 달리 유럽연합에 굴복해 긴축정책 시행에 합의했다. 시리자 정부는 애초의 합의안보다도 더 혹독한 긴축정책을 도입했다.

를 편들며 전쟁을 찬성하고 나선 것과 본질적으로 같다. 카우츠키의 '초제국주의' 이론에 따르면 제1차세계대전은 제국주의 전쟁이 아니었다. 대기업들이 국제시장을 무대로 활동하는 '초제국주의' 시대에는 더는 강대국들이 서로 충돌할 필요가 없으며, 따라서 전쟁이라는 구시대의 유물은 자연스럽게 없어질 것이라는 논리였다.

시리자도 유럽연합과 유로화에 대해 이와 비슷한 관점을 갖고 있다. 역사적 경험은 카우츠키의 초제국주의론이 완전히 틀렸다는 것을 입증했다. 그런데 부분적으로는 그런 잘못된 관점 때문에 수많은 젊은이들이 전선의 참호에서 조국을 지킨다는 명목으로 죽어 나갔다.

이런 비극이 되풀이되도록 놔둬선 안 된다. 그래서 그리스의 안타르시아(혁명적반자본주의연합체)는 유럽연합에 분명하게 반대하며 유로존에서 탈퇴해야 한다는 주장을 분명히 했다.

득표율로만 치면 안타르시아는 시리자보다 훨씬 규모가 작지만 거리와 작업장에서의 실제 영향력은 훨씬 더 강하다. 일례로, 대학 학생회 선거에서 시리자 학생 단체는 7퍼센트를 득표한 반면 안타르시아 학생 단체는 11퍼센트를 득표했다.

많은 경제학자들이 유럽연합이 결국 무너질 것이라고 예견한다. 만약 유럽연합이 실제로 붕괴한다면 단지 '단일 통화'를 유지한다는 명목으로 그 끔찍한 긴축을 견뎌 온 수많은 노동자들에겐 커다란 충격으로 다가올 것이다.

그것은 마치 독일이 제1차세계대전에서 패배했을 때 독일 노동자들이 겪은 충격과도 비슷할 것이다. 물론 그렇다고 제1차세계대전 직후에 독일에서 일어난 것과 같은 혁명이 유럽에서 곧바로 일어날 것이라고 예견하는 것은 아니다. 또한 유로존 붕괴를 단언하는 것도 아니다.

혁명가의 구실은 마치 점쟁이처럼 미래를 예측하는 것이 아니라 우리 앞에 놓인 전투를 준비하는 것이다. 만약 이런 분석이 옳다면 우리 앞에는 실로 엄청난 격돌이 기다리고 있다. 그리스와 유럽뿐 아니라 한국, 그리고 전 세계 곳곳에서 거대한 한판 승부가 다가오고 있다.

토론 정리 발언

진정한 문제는 그리스 자본가들이 결국 망하게 될 사업에 우리의 미래를, 우리의 직장을 걸고 투자를 했다는 것이다. 투자 자금을 조달하려고 그들은 은행에서 돈을 빌렸다. 결국 그렇게 투자한 실물 자본, 즉 공장을 짓고 생산을 하는 데 들어간 자본의 가치는 증발해 버렸다. 그러나 돈을 빌려준 은행들은 이제 빚을 돌려받으려고 혈안이 돼 있다. 달리 말하면, 비록 실물 자본은 죽었지만 가공 자본은 여전히 살아남아 우리의 피를 빨

아먹으려 하는 것이다.

이 상황에서 좌파들은 어떤 구체적 요구들을 내세워야 하고 어떤 강령을 채택해야 할까? 일반적으로 말해서 이 문제를 바라보는 두 가지 관점이 있다. 하나는 개혁주의적 관점이다. 즉 자본주의를 조금 고쳐 쓰자는 관점이다. 둘째는 바로 혁명가들의 관점으로서, '이행기적 요구'를 염두에 둔 관점이다.

우리가 주장해야 하는 것은 바로 이 후자다. 자본주의에서 대안적 체제로의 이행을 촉진할 수 있는 요구, 즉 이행기적 요구를 제기해야 한다. 우리의 관점에서 중요한 것은 경제 발전이 아니라 운동의 발전이다. 이행기적 요구의 직접적 목적은 긴축 정책 등이 강요하는 고통을 덜어 주는 것이다. 그렇지만 이행기적 요구가 실현된다면 그런 상황과 자본주의 체제가 오랫동안 양립할 수는 없을 것이다.

그렇다면 디폴트(채무불이행) 요구의 의미는 무엇일까? 이른바 '구제'금융의 목적은 남유럽 국가의 부채에 심하게 노출돼 있었던 유럽 은행들, 특히 독일과 프랑스 은행들을 구제하는 것이다. 그리스 은행들의 경우, 그리스 주식시장에 가면 그리스의 모든 은행을 30억 유로에 매입할 수 있다. 그런데 이 은행들이 구제금융으로 지금까지 받은 돈이 1000억 유로가 넘는다. 그런데 이제 또 500억 유로를 더 받을 참이다. 디폴트를 요구하는 것은 곧 이 은행들에 단 한 푼도 더 퍼 주지 말자는 얘기다.

만일 그리스나 포르투갈이 디폴트를 하게 된다면 다른 유럽 은행들이 연쇄적으로 파산하는 일이 벌어질 수도 있다. 그렇다고 해서 그리스의 운동이 고립될까? 오히려 그 반대일 것이다. 그리스가 겪고 있는 문제는 유럽 노동자들이 똑같이 겪고 있는 문제이기 때문이다. 그리스 민중이 들고일어나 은행들에 대한 퍼 주기를 중단시키면 모든 유럽 노동자들의 승리가 될 것이다.

유로화 문제에 대해서도 같은 원리가 적용된다. 그리스가 만약 유로존을 탈퇴한다면 그것은 운동의 힘에 떠밀려서일 것이다. 이 경우 우리는 옛 드라크마화를 복원해 소박하고 인간적인 그리스 자본주의로 돌아가자는 게 아니다. 유로존 탈퇴는 결국 그리스 기업주·은행가, 독일과 프랑스 은행가에 맞선 전쟁 선포가 될 것이다.

물론 우리가 그들에게 전쟁을 선포하면 그들도 우리를 상대로 전쟁을 벌일 것이다. 예컨대 금융 투기꾼들은 드라크마화의 가치를 최대한 떨어뜨리려 할 것이다. 그렇지만 일단 전쟁을 시작했으면 끝까지 밀어붙여야지 중간에 어정쩡하게 멈춰선 안 된다. 그러므로 우리도 결코 금융 투기꾼들이 그리스 통화로 투기를 벌이는 것을 좌시하지 않을 것이다. 요컨대 우리가 그리스와 유럽 자본가들에 맞서서 전쟁을 선포한다면 그리스 노동자들이 고립되기는커녕 국제적 연대가 확산되면서 운동이 유럽 전체로 번질 가능성이 크다.

제1차세계대전 당시 러시아 혁명가 레닌은 "우리는 이 전쟁에서 조국이 패배하기를 원한다"고 했다. 왜냐하면 우리나라가 진다고 해서 다른 나라가 이기는 것은 아니기 때문이다. '우리나라' 노동자들이 '조국' 정부를 타도하면 '적국' 노동자들도 자기 정부에 맞서 반란을 일으키도록 고무받을 것이라고 레닌은 믿었다.

그의 예측은 적중했다. 1917년 러시아에서 혁명이 일어났을 때 많은 사람들이 "이제 러시아는 독일의 침략을 받아 패망하겠구나!" 하고 말했다. 그러나 실제로는 독일 제국주의가 독일 혁명으로 분쇄됐다. 마찬가지로 우리는 그리스 지배자, 은행가가 파산해서 무일푼이 되기를 원한다. 그리스가 앞장서서 그렇게 하면 스페인, 포르투갈, 아일랜드, 이탈리아, 나아가 전 유럽의 노동자들도 그리스의 선례를 따를 것이라고 확신한다.

복지가 너무 잘돼 있어서 그리스가 지금 이 지경이 됐다는 것은 사실이 아니다. 현재 그리스 예산에서 가장 큰 부분을 차지하는 항목은 은행에 지급되는 이자다. 현재 그리스의 대형 은행 7곳과 유럽 은행 30곳이 그리스 공무원과 연금생활자 전원이 받는 것만큼이나 많은 돈을 이자로 챙겨 가고 있다. 그리스 민중이 아니라 은행을 위한 복지가 너무 잘돼 있었던 것이다.

지난 2년 동안 그리스에서는 엄청난 규모의 파업이 일어났다. 그래서 총선 때 안타르시아는 다음과 같이 주장했다. "그리스 금융권에서 돈이 계속 새 나가는 것을 막을 수 있는 유일한 방법은 은행 노동자가 파업하는 것이다." 총선 기간에 사람들을 공포에 빠뜨리려는 캠페인이 진행되고 있었기 때문이다.

총선 기간에 그리스의 모든 주요 언론과 보수 정당은 한목소리로 다음과 같이 얘기했다. "만약 좌파가 득표를 더 많이 하게 되면 우린 끝이다. 우리는 유로존에서 쫓겨나게 될 것이고 대재앙에 빠질 것이다." 그리스인의 과반수가 아직까지도 유로존 잔류를 지지하는 이유는 이런 공포심 유발 캠페인 때문이다.

한편에는 수많은 경제학자와 대학교수, 지식인이 그리스가 유로존을 탈퇴하면 망한다고 얘기했고 시리자조차 우리가 유로존을 떠난다면 재앙이 닥칠 것이라고 말했다. 공산당조차 먼저 사회주의 공화국이 수립된 다음에 유로존을 탈퇴해야 한다고 주장하는 판이다. 좌파 진영 내에서는 안타르시아를 빼면 아무도 유로존 탈퇴를 말하지 않았다. 결국 총선 기간에 은행 노동자들의 파업은 실현되지 않았다. 파업을 호소하는 세력이 소수였기 때문이다. 그 결과 2차에 걸친 선거기간 중 그리스에서 총 100억 유로의 자금이 빠져나갔다. 부자들이 겁을 먹었기 때문이다. 시리자 같은 좌파들이 여전히 우세한 상황에서는 이런 일이 되풀이될 수 있다.

마지막으로 '사회주의적 유럽연합' 요구에 관한 질문이 있었다. 물론 나는 유럽 노동자들이 단결하는 것을 지지하지만 그보다는 전 세계 노동자들의 단결을 말하고 싶다. 그러므로 나에게 최상의 구호는 '사회주의적 유럽연합'이 아닌 '전 세계 사회주의 연합(연방)'이다.

유럽연합의 역사

차승일

1950년대부터 시작된 유럽 통합은 당시 프랑스의 외교정책과 관련이 깊다. 제2차세계대전 종전 후 프랑스 외교정책의 목표는 독일의 부활을 억제하는 것이었다. 세계적으로 냉전 체제가 형성되기 시작하고 소련의 세력권이 확장되는 상황에서 프랑스는 유럽을 통합한다는 장기적 전망 속에 독일을 서유럽 진영에 묶어 놓자는 결론에 이르렀다. 통합된 유럽에서 프랑스는 정치적 지도력을 제공하고 독일은 경제적으로 기여한다는 것이 프랑스의 구상이었다. 이 구상은 프랑스가 제안해 1951년 설립된 유럽석탄철강공동체로 구체화됐다.

프랑스의 이런 구상은 당시 미국의 이해관계에도 어느 정도 맞아떨어졌다. 미국은 두 가지 이유에서 유럽의 재건을 바랐다. 첫째, 소련 블록의 성장을 저지하는 것이다. 그러려면 서유럽

출처: 〈노동자 연대〉 154호(2015년 8월 15일).

경제가, 특히 독일 경제가 성장해야 했고 유럽 국가들이 재무장돼야 했다. 유럽의 재무장이라는 목표는 나토의 창설로 이어졌다. 그런데 서유럽 경제가 순조롭게 부활하려면 프랑스와 독일의 오랜 앙숙 관계가 어느 정도 해소돼야 했다. 1947년 6월 미국은 유럽 재건을 위한 마셜플랜을 발표했다. 그리고 그 조건으로 유럽 국가들의 상호 협력을 내걸었다.

미국이 유럽 경제의 재건을 바란 둘째 이유는 유럽 노동운동이 가하는 위협을 완화하는 것이었다. 1947년 프랑스 르노 자동차 공장들에서 격렬한 파업 투쟁이 일어났고, 프랑스 국내외 지배자들은 공산당이 집권하는 것 아니냐고 걱정하기까지 했다. 미국은 유럽 경제가 회생하면 이런 노동운동의 압력이 어느 정도 누그러질 것이라고 봤다.

유럽 통합 구상은 1957년 로마조약 체결로 이어졌다. 이 조약에 따라 유럽경제공동체가 창설됐다. 로마조약은 1968년까지 조인국들 간 관세를 철폐하는 것을 목표로 삼았다.

1958년 샤를 드골이 프랑스 대통령이 되며 흐름이 약간 바뀌었다. 드골은 로마조약을 찬성하지 않았다. 그는 다른 유럽 국가에 견준 프랑스의 정치적·군사적 우위를 이용해 프랑스가 주도하는 유럽 동맹을 구축하고 싶어 했다. 그리고 그 동맹이 장차 미국과도 어깨를 나란히 하고 경쟁할 수 있게 되기를 바랐다. 그러면서 1965년에는 여섯 달 동안 유럽경제공동체 위원회에 담당자를 파견하지 않았다. 유럽경제공동체 운영 원리를 만장일치에서 다수결로 바꾸려는 움직임에 대한 항의였다. 다수결 원리가 채택되면 프랑스는 거부권을* 잃게 될 것이었다. 결국 만장일치 원리가 유지됐다.

드골은 1960년에는 두 번에 걸쳐 영국의 유럽경제공동체 가입에 거부권을 행사했다. 영국이 참가하면 유럽경제공동체가 장차 미국과 대등하게 경쟁할 수 있는 기구가 되기보다는 그저 커다란 자유무역지대가 될 공산이 크다고 봤기 때문이다. 정치적으로는 미국에 의존하면서 커다란 공동시장을 구축하고 확대해 나갈 것인지, 아니면 세력은 비교적 작더라도 정치적으로 미국으로부터 더 독립된 기구를 건설할 것인지는 지금도 논쟁되는 주요 쟁점이다.

1970년대에 두 가지 중요한 변화가 일어났다. 첫째는 1971년 브레턴우즈 체제의 종식이고 둘째는 1974~1975년에 다시 시작된 경제 위기였다. 이 두 변화 때문에 그 전 20년 동안 추진된 유럽 통합이 물거품으로 돌아갈 뻔했는데, 각국이 두 사태에 각자도생식으로 대응했기 때문이다.

브레턴우즈 체제는 금본위제와 고정환율제를 중심으로 했다.

---

* 표결에 부친 안건을 반대해 아무리 찬성표가 많아도 의결이 성립하지 못하게 할 수 있는 권리.

이것이 무너지면서 유럽 국가들은 서로 자기 화폐의 가치를 떨어뜨리려 했다. 그러면서 외환시장의 변동도 심해졌다. 이 때문에, 그 전에는 환율이 안정된 상황에서 유럽경제공동체 회원국들의 국경을 넘나들며 사업하던 유럽 기업들이 곤경을 겪었다. 1970년대 경제 위기도 마찬가지 효과를 냈다.

이에 유럽경제공동체 회원국들은 1972년 '스네이크' 체제라고 불린 통화정책 조율 조치를 실시했으나 곧 실패했다. 프랑스는 유럽 통합을 진전시키려면 독일이 환율상의 부담을 더 져야 한다고 주장했다. 이를 반영해 1979년에 탄생한 것이 유럽통화제도EMS다. 이 때문에 독일은 달러의 가치가 급속히 떨어지는 상황에 대응해 자국 통화인 도이치마르크의 가치를 더욱 떨어뜨리는 조치를 취하지 못하게 됐다. 이는 비교적 약한 통화를 배려한 조치였다. 이처럼 가치가 서로 다른 통화들의 균형을 어떻게 이룰 것이냐 하는 논쟁은 1970년대 이래 유럽 통합 과정에서 두드러지는 특징이었고, 2010년 유로존 위기가 발생한 뒤 지금까지도 본질적으로 마찬가지의 논쟁이 이어지고 있다.

한편, 1970년대는 전후 장기 호황(1940년대부터 1960년대까지)의 부산물로서 독일·일본에 견줘 미국 경제의 상대적 비중이 눈에 띄게 쇠퇴한 시기이기도 했다. 이에 대응해 미국은 군비 지출을 줄이고, 관세를 대폭 인상하는 등 보호무역주의 조처를 도입하고, 노동자들의 생활수준을 공격했다. 이와 함께 기축통화인 달러 발행국으로서의 지위도 이용했다. 즉, 달러의 가치를 떨어뜨려 수출 경쟁력을 향상시키려 한 것이다.

수출에 크게 의존해 성장한 독일이 미국의 달러 약화 정책에 대응해 택할 수 있는 수단은 별로 없었다. 국내 수요를 억제하고, 생산 '합리화'와 기술 발전을 촉진하고, 노동비용이 비교적 낮은 곳으로 생산을 이전해 경상수지 흑자를 계속 유지하는 것 말고는 다른 도리가 없었다.

이처럼 변화된 국제 경쟁 상황에 대처하는 데서 유럽 지배자들에게 통화정책 조율 수단인 유럽통화제도만으로는 불충분했다. 유럽 각국의 경제정책을 더 깊게 조율·통합해야 했다. 그리고 그 중심은 독일의 경제정책이 될 수밖에 없었다. 왜냐하면 이제 독일은 유럽에서 가장 큰 경제가 됐기 때문이다. 그러나 유럽 각국의 경제정책을 조율·통합한다는 구상은 1983년 '현대화' 진영이 주장한 신자유주의 처방에 프랑스 대통령 미테랑이 따르기로 결심할 때까지 기다려야 했다.

당시 프랑스 정부 내의 '현대화' 진영을 이끈 인물은 자크 들로르였다. 들로르는 나중에 유럽연합 집행위원장을 지내며 1986년 유럽통합법SEA 제정을 촉진했다. 유럽통합법은 1992년까지 유럽 역내 시장의 무역 장벽을 모두 폐지하는 것을 목표로 했다.

그 뒤 1992년에는 마스트리히트 조약이 체결되며 유럽 단일

통화 도입의 길이 닦였다. 마스트리히트 조약에 따라 유럽경제공동체는 1993년 유럽연합으로 탈바꿈했다. 1998년에는 유럽중앙은행이 창립됐고, 1999년에는 유로화가 도입됐다.

독일은 유럽 단일 통화의 안정성을 보장하고 공동의 재정·경제 정책을 수립하기 위한 다섯 가지 기준을 제시했다. 그 다섯 가지 기준은 1997년 체결된 '안정 및 성장 조약'에 담겼다. 그중 유명한 것이 정부 예산 적자를 GDP의 3퍼센트 이내로, 국가부채를 GDP의 60퍼센트 이내로 억제한다는 조건이다. 1990년대 유럽 국가들은 이 기준을 충족시키기 위해 긴축정책을 시행했다. 이에 노동자들의 저항이 일어났고, 유럽 통합에 대한 회의론과 반감이 일었다. 2005년 프랑스와 네덜란드 국민투표에서 유럽헌법이 부결된 것은 그런 정서가 반영된 결과였다(이에 대해서는 아래에서 좀 더 자세히 설명하겠다).[1]

1980년대 말과 1990년대 초의 소련 해체도 중요한 변화였다. 가장 눈에 띄는 것은 소련 블록에 속해 있던 국가들의 유럽연합 가입이다. 2004년에 라트비아, 리투아니아, 슬로바키아, 슬로베니아, 에스토니아, 체코, 폴란드, 헝가리가 가입했고, 2007년에는 루마니아, 불가리아가 가입했다. 2013년에는 크로아티아가 가입했다. 이 과정에서 유고슬라비아 내전과 뒤이은 나토군(미국을 중심으로 한 유럽연합 국가들이 포함된 군사 기구)의 세르비아 폭격 같은 끔찍한 야만이 일어났음을 기억해야 한다.

한편, 소련 블록 해체 과정에서 통일을 이룬 독일은 강력한 경제력에 더해 정치적 영향력도 강해졌다. 이제 독일은 유럽 기구들 안에서 가장 큰 영향력을 행사한다.

앞에서 말했듯이 2005년 프랑스와 네덜란드의 좌파들과 다수 노동자들은 신자유주의적이고 비민주적인 유럽헌법을 거부했다. 유럽헌법 부결은 "20년 넘게 유럽 사회를 지배한 신자유주의 정책 때문에 여러 해 동안 고통을 겪은 사람들의 승리였다."[2]

일부 좌파는 착각 속에 유럽헌법 찬성을 주장했지만, 전체로 보아 유럽헌법은 유럽 노동자들에게 해로웠다. 당시 한국 진보진영의 유럽헌법 찬성론자와 논쟁을 벌인 김인식은 다음과 같이 설명했다.

> [유럽]헌법은 여성의 자유롭고 합법적인 낙태 선택권을 부정한다. 포르투갈·아일랜드·폴란드에 만연해 있는 야만적 여성 억압 상태를 용인하는 것이다. 또, 회원국 거주자의 3분의 1이 시민권(투표권을 포함해)을 인정받지 못한다. 이것은 난민에게 굳게 닫혀 있는 '요새화한 유럽'을 건설하겠다는 뜻이다. 헌법은 회원국들의 다국적인 성격을 부인하고, 영토 보전 원칙의 이름으로 피억압 국민의 자결권과 국가 없는 국민을 거부한다. 또, 준독재적이고 비민주적인 유럽 공동체를 만들려 한다. 진정한 정치권력은 정부들

과 선출되지 않는 위원회 같은 기구들의 수중에 집중돼 있다. 유럽중앙은행은 '독립성'(그 권한은 시민이나 민중에게서 나오지 않는다)을 유지할 것이고, 기업과 주주를 제외한 나머지에게는 아무 책임도 지지 않을 것이다.

해마다 난민 수천 명이 유럽으로 들어가려다 지중해에 빠져 죽는데도 오히려 단속을 강화하고, 압도 다수가 반대를 거듭 표명하는데도 그리스에 긴축을 계속 강요하는 오늘날 유럽연합의 모습은 당시의 이의 제기가 옳았음을 보여 준다.

비록 유럽 지배자들은 반대에 부딪혀 '헌법'이라는 이름을 쓰지 못하게 됐지만 그럼에도 그 본질적 내용은 2007년 체결된 리스본 조약으로 이어졌다.

레닌의 통찰

20세기 초 러시아 혁명가들이 '유럽합중국' 슬로건을 두고 논쟁을 벌였다. 이에 1915년 8월 레닌은 "유럽합중국 슬로건에 대하여"라는 글을 발표했다.

레닌은 유럽합중국 슬로건이 "독일·오스트리아·러시아 군주제의 혁명적 전복"을 수반하는 요구라면 정치적으로는 반대하기 힘들다고 인정하면서도, 경제적 측면에서는 실현 불가능한 것이거나 심지어 반동적인 것이라고 지적했다.

강대국들이 서로 경제적·지정학적 경쟁을 벌이며 전쟁도 불사하는 것이 자본주의 체제의 본질적 속성이므로 유럽합중국이 실현될 수가 없다는 것이 레닌의 설명이었다. "자본주의에서 다른 조직 방식은 가능하지 않다. 식민지, '세력권', 자본수출을 포기한다? 이것이 가능하다고 생각하는 것은 일요일마다 부자들에게 기독교의 고상한 도의를 설교하고, 1년에 수백만 루블까지는 아니더라도 적어도 수백 루블은 가난한 자들에게 적선하라고 눈물로 호소하는 성직자와 같은 수준으로 전락하는 것을 뜻한다."

물론 레닌은 "자본가 간에, 국가 간에 일시적 협정이 가능하다"는 것을 알았다. 그래서 "유럽합중국은 유럽 자본가들 사이의 협정으로 가능하다"고 지적했다. "그러나 무슨 목적에서인가? 오로지 유럽에서 사회주의를 공동으로 진압하기 위해, 그리고 일본과 미국에 맞서 식민지 전리품을 공동으로 보호하기 위해서일 뿐이다. … 현재의 경제적 기초에서, 즉 자본주의 사회에서 유럽합중국은 오직 미국의 더 빠른 발전을 막기 위한 반동적 기구가 될 것이다. 민주주의와 사회주의라는 대의가 오로지 유럽과만 관련 있던 시대는 이제 완전히 지나가 버렸다" (강조는 레닌). 즉, 유럽합중국은 미국·일본과의 경쟁에서 유럽 국가들의 이익을 보호하는 것을 목표로 하는 연합을 뜻할 것이므로 반동적이라는 것이다.

2009년 작고한 영국 마르크스주의자 크리스 하먼은 1971년, 유럽 통합 구상에 관한 분석을 내놓았다.[3] 하먼은 몇 가지 중요한 사항을 지적했다. 그중 첫째는 유럽 통합이 국제 경쟁과 미국 자본이 가하는 압박에 대한 반작용이었다는 것이다.

규모가 큰 데다가 뛰어난 기술력도 보유한 미국 경제는 유럽 자본들이 서로 결속하도록 하는 압력으로 작용했다. 한 나라 범위의 자원만 이용해서는 미국과 경쟁할 수 없었던 유럽 자본들은 자신들 사이에 놓인 무역과 투자에 대한 장벽을 걷어 내야 했다.

미국 경제의 압력이 아니더라도 자본은 시간이 지나며 집중되는 경향이 있다. 1991년 하먼은 현대 자본주의 사회의 국가를 분석하며 자본의 집중이 세 가지 수준에서 이뤄진다고 설명했다.[4] 일국 수준, 지역 수준, 세계 수준이 그것이다. 하먼은 다음과 같이 설명했다. "한 국가가 제공하는 자본 활동의 기반이 너무 협소하면, 다른 국가들과의 동맹이나 합병을 통해 그 기반을 넓혀야 한다. 그래서 장기적으로 보면 지역 블록이 두드러지는 추세가 나타날 수 있다."

하먼의 지적은 현실에서 어느 정도 입증된다. 유럽의 1000대 기업의 인수·합병 통계를 보면, 1960~1970년대에는 자본의 집중이 주로 일국 수준에서 나타났다. 그러다 1970년대 중반의 경제 위기를 거치며 점차 유럽적·국제적 수준의 자본 집중 현상이 두드러졌다. 1980년대 초에는 인수·합병의 65.2퍼센트가 일국 수준에서, 18.7퍼센트가 유럽 수준에서, 16.1퍼센트가 세계 수준에서 일어났다. 그런데 1980년대 말에는 47.7퍼센트가 일국 수준에서, 40퍼센트가 유럽 수준에서, 12.6퍼센트가 세계 수준에서 일어났다.

집중과 분열

이처럼 자본의 집중 경향이 유럽 통합 진전의 이면에 있었다.

그러나 하먼은 반대 경향도 있다고 지적했다. 앞에서 말한 자본 집중의 세 가지 유형에 어울리는 정책은 각각 다르고 때로는 서로 충돌할 수도 있기 때문이다. 그래서 각국 정부들은 유럽 수준의 자본 집중 경향과 어긋나는 행보를 취하기도 한다. 예를 들어 2008년 이탈리아 정부는 에어프랑스가 이탈리아 국영 알리탈리아 항공사를 인수하는 것을 반대하며 이탈리아 금융 기업에 항공사를 팔아 버렸다.

유럽 통합의 틀 안에서도 여전히 각국은 각자의 이익을 추구한다. 유럽 수준에서 사업을 하는 다국적기업들도 여전히 특정 국가에 기반을 둔 자본가 집단이 지배하는 경우가 흔하다. 그래서 각국 정부는 유럽연합의 정책이 자국에 기반을 둔 자본에 유리하게 되도록 애쓴다. 가장 분명한 사례가 공동 통화인 유로화에 관한 정책이다. 독일과 네덜란드는 강력한 유로화를 원하는 반면, 프랑스와 이탈리아는 유로화 강세 기조에 계속해서 불만을 나타내 왔다.

그러므로 전체로 보아 유럽 통합은 통합의 경향과 분열의 경향이 모두 내포돼 있는 모순된 과정 속에 있다.

결국 유럽연합을 어떻게 봐야 하는가?

지금까지 논의를 바탕으로 다음과 같은 결론을 내릴 수 있다.

1. 유럽연합은 세계 경쟁에서 유럽 자본의 이익을 지지하기 위한 기구로 출발했고 지금도 그렇다. 노동력 착취 증대가 유럽연합의 핵심 운영 원리로 돼 있는 데서 확인할 수 있다. 각국의 이해관계에 따라 구체적 정책에 관해서는 의견이 다소 엇갈릴 수 있지만, 노동자를 공격하는 데서는 한통속이다. 예를 들어, 그리스의 채무 부담을 일부 완화해 줄지 말지를 두고는 설왕설래가 있지만, 그리스가 계속해서 고강도 긴축을 하며 빚을 갚아 나가야 한다는 데서는 유럽 지배자들 사이에 이견이 없다.

2. 유럽연합을 노동자의 이익에 맞게 활용할 수 있다고 보는

것은 착각이다. 유럽연합의 진정한 권력은 유럽중앙은행 같은 '독립적'인, 즉 대중의 통제를 전혀 받지 않는 기구들에 있다. 그리고 이 기구들은 경제 위기에 대응해 민주적으로 선출된 정부보다는 자신들이 임명한 전문 관료(테크노크라트)의 통치를 더 좋아한다. 예를 들어 2011년 그리스에서는 루카스 파파디모스가, 이탈리아에서는 마리오 몬티라는 은행가 출신의 관료가 선거를 통하지 않고 각국의 총리가 됐다.

3. 반노동자적이고 비민주적인 유럽연합의 약화나 해체를 좌파가 안타까워할 까닭은 없다. 일부 좌파는 유럽연합을 유럽 노동계급 연대의 기초로 보지만, 유럽연합은 각국 지배자들이 경쟁적으로 자국 노동자들을 공격하도록 만들고, 유럽 바깥의 노동자와 천대받는 사람들은 배척한다. "요새화된 유럽"이라는 이주 통제 정책이 그것을 잘 보여 준다. 또, 이런 정책들로 말미암아 강화되는 이주민 배척 정서와 인종차별 사상은 극우와 파시즘이 성장하는 비옥한 토양이 되고 있다. 즉, 유럽연합은 오히려 국제주의를 훼손한다. 유럽(더 나아가 세계) 노동계급의 진정한 연대와 단결은 유럽연합의 틀을 벗어나야 가능해진다.

유럽연합에 관한 여섯 가지 신화

토마시 텡글리-에반스

Q. 유럽연합을 탈퇴하면 노동자 권리가 약화되지 않을까?

영국의 노동조합 지도자들은 종종 악덕 사용자들에게서 영국 노동자들을 지켜주는 것은 유럽연합밖에 없다는 듯이 주장한다. 예를 들어, 영국 노총 프랜시스 오그레이디 사무총장은 다음과 같이 주장했다. "유급휴가, 출산휴가, 비정규직에 대한 공정한 대우를 보장하는 것은 유럽연합이다."

그러나 사실 그런 권리를 쟁취한 것은 오그레이디 등이 이끌고 있는 노동조합이었다. 그런 노동조합의 투쟁 덕분에 노동자의 건강과 안전에 관한 영국 법률의 규정 일부가 유럽연합의 기준보다 더 높다. 예를 들어 산업안전보건법(1974년)은 에드워드 히스의 보수당 정부를 무너뜨린 대중적 노동조합 투쟁의 결과

원문: Tomáš Tengely-Evans, "Six myths about the European Union", *Socialist Worker* 2497(30 Mar 2016).

물이었다.

보수당은 그동안 이 법을 맹렬히 공격했다. 그러나 유럽연합의 '더 나은 규정'이 노동자들에게 더 나은 보호 조치를 제공하는 것은 아니다. 유럽연합의 '더 나은 규정'은 "불필요한 행정적 부담을 없애는 것"이 기업들에 사활적으로 중요함을 분명히 했다. 유럽연합이 노동자 편이 아니기 때문이다.

유럽연합이 혹독한 긴축 조치를 그리스 같은 일부 나라들에만 강요하고 있는 것도 아니다. 유럽연합은 사용자들을 위한 "네 가지 자유"를 기초로 설립됐다. 유럽연합은 사용자들에게 유럽연합 회원국 전역에서 기업 설립의 자유, 서비스 제공의 자유, 자본 이동의 자유, 노동자 고용의 자유를 준다. 유럽연합 창설의 기초가 된 1957년 로마조약은 "사회권"에 대해 거의 말하지 않는다. 이후에도 유럽연합은 혹독한 실체를 가리려고 미미한 조치들을 도입했을 뿐이다.

유럽연합의 "지침"은 노동조건에 거의 영향을 끼치지 않는다. 노동조합 권리를 보호하는 것도 아니다. 영국의 부당 해고 금지와 최저임금제는 유럽연합과 전혀 관계없이 도입됐다.

노동자의 권리와 앞서 언급한 "네 가지 자유"가 충돌할 경우, 유럽연합은 항상 사용자 편을 들었다. 2007년 핀란드의 해운업체 바이킹이 선박 일부의 국적을 이웃 나라인 에스토니아로

바꾸려 했다.* 유럽사법재판소는 사측에 유리한 판결을 내리며, 노동자들의 단체 행동이 바이킹의 해외 이전 "권리"를 제약하면 안 된다고 했다. 2007년 영국항공조종사노조는 브리티시에어웨이스 사측이 병가와 질병 수당 조건을 악화시키려는 것에 반대해 파업을 벌이려 했다. 사측은 이것을 막기 위해서 유럽사법재판소의 이 판결을 이용했다.

각국 정부도 유럽연합도 노동자 권리를 공격한다. 노동자 투쟁만이 노동자 권리를 방어할 수 있다.

Q. 유럽연합 덕분에 남녀 동일임금과 유급휴가가 가능한 것 아닌가?

영국은 물론이고 유럽연합 회원국 중 동일임금이 이뤄진 곳은 없다. 공식 통계를 보면, 영국 여성 노동자의 임금은 남성 노동자 임금보다 평균 14퍼센트 적다.

영국에는 공식적으로는 동일임금을 보장하는 동일임금법이 있다. 이 법은 유럽연합과 아무 관계 없이 제정된 법이다. 1968년 런던 동부 대거넘에 있는 포드 공장의 여성 노동자들이 양성 동일임금을 요구하며 전면파업을 벌였고, 2년 뒤인 1970년 노동당 정부가 동일임금법을 제정했다.

---

* 핀란드보다 인건비가 저렴한 에스토니아 기준으로 임단협을 다시 체결해 비용을 절감하려 한 것이다.

이제 동일임금법의 내용은 대체로 평등법(2010년)에 담겼고, 평등법은 영국이 유럽연합을 탈퇴한 뒤에도 존속할 것이다. 유럽연합 노동법의 많은 내용은 영국의 관련 법에도 담겨 있고, 많은 경우 유럽연합보다 더 강력하다. 예를 들어 유럽연합 노동법은 유급휴가를 1년에 최소 4주로 규정하지만, 영국의 관련 법은 5.6주로 규정한다. 출산휴가에 관한 유럽연합의 지침은 몇몇 차별 조처를 금지하며 모든 여성에게 14주의 출산휴가를 보장하도록 규정한다. 그러나 영국의 부모들은 둘이 합쳐 최대 50주의 출산휴가를 쓸 수 있고, 그중 37주는 유급휴가다.

영국 보수당 정부와 유럽연합은 둘 다 "경쟁력"이 중요하다고 말한다. 둘 다 노동자 권리 축소를 바란다는 뜻이다. 영국이 유럽연합을 탈퇴하든 그러지 않든, 사용자들은 노동자의 권리를 공격할 것이다. 유럽연합 회원국에 속해 있든 그러지 않든 사용자와 지배자는 평범한 사람들을 보호해 주지 않는다. 노동자의 권리를 지키고 인종차별에 맞서는 열쇠는 투쟁이다.

Q. 유럽연합이 없으면 인종차별이 더 심해지지 않을까?

어떤 사람들은 유럽연합을 인종차별에 맞서는 방벽으로 본다. 그러나 유럽연합 지도자들은 인종차별적 법률들을 이용해 절박한 처지의 난민을 죽음으로 내몰고 있다. 그리고 무슬림 혐오를 부추기고 있다.

유럽연합이 각국에 강요한 신자유주의 정책은 인종차별과 파시스트들이 성장하기 좋은 환경을 만드는 데 일조했다. 유럽연합과 그 기구들은 그리스에 거듭거듭 긴축을 요구했고, 이는 그리스의 보통 사람들 사이에서 분노와 절망을 낳았다. 그 덕분에 파시스트 정당인 황금새벽당이 이 분노와 절망을 난민에게 돌리며 세력을 키울 기회를 얻었다. 마찬가지로, 유럽연합은 헝가리에도 신자유주의 정책을 요구했고, 그 덕에 파시스트 정당인 요비크당이 성장할 발판이 마련됐다.

영국이 유럽연합에 남아 있느냐 탈퇴하느냐는 인종차별 수준을 결정하는 요인이 아니다.

1973년 영국이 유럽연합의 전신인 유럽경제공동체에 가입했을 때, 영국에서는 나치인 국민전선과 인종차별 사상이 성장했다. 반나치동맹의 운동, 흑인 노동자와 백인 노동자의 공동 투쟁이 국민전선과 인종차별 사상을 물러서게 했다. 현재 영국은 유럽연합 회원국인데, 그렇다고 해서 인종차별이 부상하지 않은 것도 아니다.

인종차별을 물리칠 수 있는 것은 무슬림과 이주 노동자 등을 단결시키고 난민에 연대하는 강력한 운동이다.

Q. 그래도 유럽연합 덕분에 인권이 보장되는 것 아닌가?

영국은 1953년부터 유럽인권재판소를 인정한다. 인권법 제정으로 유럽인권재판소 판결은 영국에도 적용된다. 이 인권법은 영국의 법률이고, 유럽연합과는 전혀 상관없는 법률이다. 유럽인권재판소도 유럽평의회CoE[유럽의회와는 별개 기구]의 기구로서 유럽연합과는 전혀 상관없는 기구다. 유럽평의회에는 47개국이 가입해 있고 그중 거의 절반은 유럽연합 회원국이 아니다.

그 외의 인권법들은 다른 국제조약 가입으로 제정됐다. 영국은 난민 협약, 세계인권선언, '시민적·정치적 권리에 관한 국제규약', 국제노동기구 등에 가입돼 있다. 이것들 중 어느 것도 유럽연합과 관계가 없다. [13세기] 마그나카르타(대헌장) 이래 영국에서 투쟁을 통해 쟁취된 인권 보장 조처들도 유럽연합과 관계가 없다.

물론 작업장 내 차별 금지 등 몇몇 조처는 유럽연합 가입을 통해 생겨났다. 그러나 그 조처들은 이제 영국의 법률에 들어가 있고, 영국이 유럽연합을 탈퇴한다고 해서 폐지되는 것이 아니다.

이 모든 조처의 진짜 문제는 정부가 그 조처들을 회피하며 무시한다는 것이다. 유럽연합에 남아 있든 탈퇴하든, 위에서 말한 권리들은 투쟁으로만 지킬 수 있다.

Q. 유럽연합을 탈퇴하면 이주민이 모두 쫓겨나는 것 아닐까?

영국 사용자들은 유럽 출신 이주민이 필요하다. 그래서 영국이 유럽연합을 탈퇴한다고 해도 그 이주민들이 쫓겨나는 것은 아니다.

이주민이 복지를 축낸다는 과장이 있지만, 유럽 출신 이주민이 받는 실업수당은 전체의 2.5퍼센트밖에 안 된다. 그들은 대부분 취직해 있기 때문이다. 그들을 대거 추방한다거나 비자 발급을 더 까다롭게 하면 경제적으로 악영향을 끼칠 것이다. 그래서 현상을 유지해야 한다는 압력이 크다.

영국을 여행하는 사람의 다수는 유럽인들이고, 영국 관광시장의 사용자들은 위기에 빠지기를 바라지 않는다. 보수당도 200만 명에 이르는 영국 내 이주민을 다른 유럽 나라들로 쫓아내는 위험을 감수할 수 없다.

그렇다면, 영국이 유럽연합을 탈퇴하면 무슨 변화가 있을 것인가?

영국 내 이주민의 거의 3분의 2는 유럽연합 회원국이 아닌 나라 출신자들이고, 그들은 큰 영향을 받지 않을 것이다.

유럽연합 회원국 출신 이주민의 경우, 두 가지 가능성이 있다. 첫째, 영국은 노르웨이·아이슬란드·스위스처럼, 유럽연합 비회원국이지만 유럽연합의 '내부 시장'에 참여하는 방식을 택할 수 있다. 둘째, 영국은 유럽연합 회원국들과 새 협약에 나설 수 있다. 그 형태는 이론상 매우 다양하다.

아프리카와 아시아 출신 이주민은 지금도 혹독한 제약에 직면해 있다. 그러나 브라질 사람들은 비자 없이 영국을 여행할 수 있고, 아일랜드 출신 이주민은 다른 유럽연합 회원국 출신 이주민보다 더 많은 권리를 보장받고 있다.

보수당과 노동당 우파가 이주민의 복지 혜택과 공공서비스 이용 권리를 제약하고 싶어 하는 것은 사실이다. 그러나 이는 유럽연합 탈퇴 국민투표 결과와 무관하게 맞서 싸워야 할 일이다. 영국 총리 데이비드 캐머런은 그런 차별의 존속을 유럽연합 잔류의 조건으로 삼고 있다. 캐머런은 비유럽 출신 이주민에 대한 공격을 추진하면서 4월에 비자 발급을 까다롭게 하고 이민법도 악독하게 고치려 한다.

혁명적 사회주의자들은 이주 규제를 모두 철폐하라고 주장한다. 그런데 유럽연합은 그것을 가로막고 있다.

Q. 유럽연합이 완벽하지는 않지만 거기에 남아서 개혁해야 하지 않을까?

유럽연합 기구들은 비민주적으로 설계돼 있다. 유럽연합 내에서 무언가를 개혁하는 일은 일국 차원에서 개혁하는 것보다 훨씬 더 어렵다.

시장을 강화하는 조치들은 아예 유럽연합 헌법에 아로새겨져 있다. 예를 들어 다른 나라에 기반을 둔 기업을 국유화하는 것은 불법이다. 이런 조치들은 유럽연합의 28개 회원국들 사이에 맺어진 조약의 일부다. 그 조처들을 개혁하는 것이 불가능한 일은 아니지만 완전히 걷어 내려면 28개 회원국 모두의 합의가 필요하다.

범대서양무역투자동반자협정의 조처 중 가장 논란이 많은 것 하나는 이미 유럽연합 헌법에 들어가 있다. 국가보조금, 규제, 심지어 국가보건서비스 같은 것들에 대해 공공적 '독점'이라며 사기업들이 이의 제기를 할 수 있고 선출되지 않은 유럽연합 집행위원회가 거부권을 행사할 수도 있다.

유럽의회는 실질적 권력이 거의 없다. 3월에 유럽의회는 사우디아라비아에 대한 무기 수출을 금지하는 법을 통과시켰다. 그러나 바뀐 것은 없었다. 유럽연합 회원국 정상회담인 유럽이사회가 더 많은 권력을 갖고 있다. 유럽이사회에서는 몇몇 결정은 다수결로 정할 수 있다. 그러나 근본적 변화를 가하려면 만장일치를 얻어야 한다.

영국 지배자들은 이미 국내에서도 진보적 개혁에 맞서 격렬하게 싸운다. 유럽연합을 개혁하려 할 때 그 저항은 훨씬 더 클 것이다.

후주

3장 브렉시트, 영국 총선, 노동당 좌파

1 Holloway, 2002. 홀러웨이와의 논쟁은 Holloway and Callinicos, 2005를 참조. 이 글을 쓰는 데에 도움을 준 조셉 추나라, 리처드 도널리, 커밀라 로일에게 감사한다.

2 모랄레스에 대한 비판을 삼가지 않은 균형 잡힌 평가를 보려면 Webber and Hylton, 2019을 참조.

3 Oborne, 2019b. 얼마 지나지 않아 오본은 〈데일리 메일〉에 칼럼 기고를 중단했다.

4 Jeffrey, 2010, pp214-222; Andrew, 2010, section B1. MI5의 역사에 대한 앤드루의 서술은 제프리의 SIS 역사 서술보다 전반적으로 더 방어적이기는 하지만 정보기관의 더러운 속임수를 더 상세히 다루고 있다. 그중에는 SIS와 MI5 모두 '지노비예프 편지'가 날조된 것임을 총선 후 몇 주 지나지 않아 알게 됐지만 이후 50년 동안 외무부에 이를 감췄다는 사실도 있다.

5 예컨대 Callinicos, 2019b.

6 Barber, 2019.

7 Payne and Giles, 2019.

8 Parker, Pickard, Giles and Bounds, 2019.

9 Oborne, 2019a.

10 The UK in a Changing Europe, 2019, p16.

11 *Economist*, 2019.

12 *Financial Times* editorial board, 2019a; "광대역통신망 공산주의"에 관해서는 https://twitter.com/neilmcrae/status/1195115144583557121를 참조.

13 Wolf, 2019b. *Financial Times* on 25 November에 실린 경제학자들의 서신과 서명자 명단은 여기서 읽을 수 있다. https://drive.google.com/file/d/1YD3R8a7Qi6t9MwSVHiuQ_b7lMmw5GhRO/view

14 Giles, 2019.

15 '구축효과' 주장에 좀 더 우호적인 마르크스주의 견해는 Roberts, 2019b를 참조.

16 Teulings and Baldwin, 2014, p142.

17 당시에 화폐수량설을 날카롭게 비판한 것으로는 Kaldor, 1986를 참조.

18 이 새로운 대안 정책을 영국에 적용해 열정적으로 설명한 글은 Blackburn, 2018을 참조.

19 Henwood, 2019. Callinicos, 2019a도 참조.

20 Wolf, 2019a. *Financial Times* editorial board, 2019b도 참조.

21 Giles and Stubbington, 2019.

22 Roberts, 2019a.

23 예컨대 Mattick, 1971.

24 Ford and Plimmer, 2019.

25 Curtice, 2019. 이 글에서 인용한 선거 결과 수치는 모두 BBC 웹사이트에서 가져왔다.

26 Roberts, 2019c.

27 선거 당일 애슈크로프트 경이 실시한 여론조사 결과를 보면, 2017년 총선 당시 노동당에 투표한 사람들 중 9퍼센트만이 2019년 총선에서 보수당에 투표했다. 반면 2017년 총선에서 보수당에 투표한 사람 중 5퍼센트가 2019년에는 노동당에 투표했다(Ashcroft, 2019). 노동당에서 보수당으로 투표 정당을 바꾼 경우는 잉글랜드 북부에 상당히 집중돼 있던 듯하다. 노동당이 의석을 잃는 데에는 기권 표가 더 중요했던 듯하다. 이번 선거의 "역사적[으로 유례가 드문]" 특성에 대한 말이 많지만, 투표율은 지난 선거보다 1.5퍼센트포인트 떨어져 67.3퍼센트를 기록했다.

28 Fetzer, 2019, p3850에서 인용.

29 Chakrabortty, 2019. 캐나다 마르크스주의자 리오 패니치의 재미있지만 비관적(훗날 선거 결과로 옳았음이 입증됐다)인 유튜브 강연 영상도 참조. 패니치는 과거 광산촌이었던 지역에서 가가호호 방문 유세에 참가했다 (Panitch, 2019).

30 Roberts, 2019c.

부록: 유럽연합의 역사

1 유럽헌법을 둘러싼 논의와 운동에 관해서는 다음 글들을 참고하라. 닉 바레, "신자유주의를 강타하다", 〈다함께〉 57호(2005년 6월 8일), 알렉스 캘리니코스, "유럽 극좌파의 부상", 〈다함께〉 57호(2005년 6월 8일), 김인식, "유럽연합은 대안 모델이 아니다", 〈다함께〉 58호(2005년 6월 22일).

2 김인식, "유럽연합은 대안 모델이 아니다", 〈다함께〉 58호(2005년 6월 22일).

3 Chris Harman, "The Common Market", *International Socialism* (1st series) 49(Autumn 1971).

4 Chris Harman, "The state and capitalism today", *International Socialism* 2(Summer 1991)[국역: "오늘날 국가와 자본주의", 《자본주의 국가》, 책갈피, 2015].

참고 문헌

Andrew, Christopher, 2010, *The Defence of the Realm: The Authorised History of M15* (Penguin).

Ashcroft, Michael Lord, 2019, "How Britain Voted and Why: My 2019 General Election Post-Vote Poll" (13 December), https://lordashcroftpolls.com/2019/12/how-britain-voted-and-why-my-2019-general-election-post-vote-poll

Barber, Tony, 2019, "Brexit Transforms the Conservative Voter Base", *Financial Times* (5 December), www.ft.com/content/3464f630-1760-11ea-9ee4-11f260415385

Blackburn, Robin, 2018, "The Corbyn Project: Public Capital and Labour's New Deal", *New Left Review*, II/111, www.newleftreview.org/issues/II111/articles/robin-blackburn-the-corbyn-project

Callinicos, Alex, 2019a, "Does Money Make the World Go Around?", *Socialist Worker* (12 March), https://socialistworker.co.uk/art/48011/Does+money+make+the+world+go+round[국역: "세상이 돈으로 움직이는가?", 〈노동자 연대〉 278호(2019년 3월 13일)].

Callinicos, Alex, 2019b, "Shambling towards the Precipice", *International Socialism* 162 (spring), http://isj.org.uk/shambling-towards-the-precipice

Chakrabortty, Aditya, 2019, "The Truth about the Labour Leavers: They Feel Locked Out of Politics", *Guardian* (12 December), www.theguardian.

com/commentisfree/2019/dec/12/labour-leave-voters-politics-general-election-brexit

Curtice, John, 2019, "General Election 2019: What's Behind the Conservative Victory?" (13 December), www.bbc.co.uk/news/election-2019-50774061

The Economist, 2019, "A Labour Government would Radically Transform Britain" (31 October), www.economist.com/briefing/2019/10/31/a-labour-government-would-radically-transform-britain

Fetzer, Thiemo, 2019, "Did Austerity Cause Brexit?", *American Economic Review*, volume 109, number 11.

Financial Times editorial board, 2019a, "The Thatcher Revolution is Coming Under Threat" (15 November), www.ft.com/content/5584b204-079a-11ea-a984-fbbacad9e7dd

Financial Times editorial board, 2019b, "Governments Must Learn to Love Borrowing Again" (8 December), www.ft.com/content/f320e1ce-1828-11ea-8d73-6303645ac406

Ford, Jonathan, and Gill Plimmer, 2019, "UK Utility Investors Prepare to Fight with Nationalisation in Prospect", *Financial Times* (3 December), www.ft.com/content/d2931a4a-1511-11ea-8d73-6303645ac406

Giles, Chris, 2019, "Labour Seeks Huge Jump in Borrowing, Tax and Spending", *Financial Times* (21 November), www.ft.com/content/7364ee82-0c6e-11ea-bb52-34c8d9dc6d84

Giles, Chris, and Tommy Stubbington, 2019, "Will Jeremy Corbyn's Spending Plans trigger a crisis for the UK economy?", *Financial Times* (15 November), www.ft.com/content/49d73a86-0622-11ea-9afa-d9e2401fa7ca

Henwood, Doug, 2019, "Modern Monetary Theory Isn't Helping", *Jacobin* (21 February), www.jacobinmag.com/2019/02/modern-monetary-theory-isnt-helping

Holloway, John, 2002, *Change the World without Taking Power* (Pluto)[국역: 《권력으로 세상을 바꿀 수 있는가》, 갈무리, 2002].

Holloway, John, and Alex Callinicos, 2005, "Can We Change the World without Taking Power?", *International Socialism* 106 (spring), http://isj.org.uk/can-we-change-the-world-without-taking-power

Jeffrey, Keith, 2010, *MI6: The History of the Secret Intelligence Service* (Bloomsbury).

Kaldor, Nicholas, 1986, *The Scourge of Monetarism* (Oxford University Press).

Mattick, Paul, 1971, *Marx and Keynes: The Limits of the Mixed Economy* (Merlin).

Oborne, Peter, 2019a, "Jeremy Corbyn Can Save the UK Economy from the Perils of a No-Deal Brexit", Middle East Eye (11 September), www.middleeasteye.net/opinion/debunking-many-myths-about-jeremy-corbyn

Oborne, Peter, 2019b, "British Journalists Have Become Part of Boris Johnson's Fake News Machine", Open Democracy (22 October), https://tinyurl.com/vucn7kr

Panitch, Leo, 2019, "The British Election and Political Crisis", Left (10 December), https://tinyurl.com/u7m8hx2

Parker, George, Jim Pickard, Chris Giles, and Andy Bounds, 2019, "Savid Javid Tears Up Borrowing Rules but Blocks Big Tax Cuts", *Financial Times* (7 November), www.ft.com/content/e2310878-014c-11ea-b7bc-f3fa4e77dd47

Payne, Sebastian, and Chris Giles, 2019, "Boris Johnson Backs Looser State Aid Rules After Brexit", *Financial Times* (29 November), www.ft.com/content/e46f977e-12b5-11ea-a7e6-62bf4f9e548a

Roberts, Michael, 2019a, "Labour's Economic Policy: The Challenge Ahead"

(23 November), https://thenextrecession.wordpress.com/2019/11/23/labours-economic-policy-the-challenge-ahead

Roberts, Michael, 2019b, "The Debt Delusion" (10 December), https://thenextrecession.wordpress.com/2019/12/10/the-debt-delusion

Roberts, Michael, 2019c, "Get Brexit Done!" (13 December), https://thenextrecession.wordpress.com/2019/12/13/get-brexit-done

Teulings, Coen, and Richard Baldwin (eds), 2014, *Stagnation: Facts, Causes and Cures* (CEPR Press).

The UK in a Changing Europe, 2019, "Brexit: The Manifestos Uncovered" (3 December), https://ukandeu.ac.uk/wp-content/uploads/2019/12/Brexit-the-manifestos-uncovered.pdf

Webber, Jeffrey M (with Forrest Hylton), "The Eighteenth Brumaire of Macho Camacho" (15 November), www.versobooks.com/blogs/4493-the-eighteenth-brumaire-of-macho-camacho-jeffery-r-webber-with-forrest-hylton-on-the-coup-in-bolivia

Wolf, Martin, 2019a, "States Create Money But Abuse It", *Financial Times* (28 May), www.ft.com/content/fcc1274a-8073-11e9-9935-ad75bb96c849

Wolf, Martin, 2019b, "Why I Cannot Vote for Jeremy Corbyn's Labour Party", *Financial Times* (28 November), www.ft.com/content/e7351bae-1135-11ea-a225-db2f231cfeae